# 聖書と農

## 自然界の中の人の生き方を見直す

三浦永光著

写真：123RF

# 目次

# 1 詩篇における農

# 1　詩篇65編　豊作をもたらす神への賛歌

詩篇は賛美、祈り、感謝、歌などを含んでいる。その中から自然界と人の農の営みを歌ったものを三篇だけ取り出してみたい。

## 1―5節：罪を赦す主への賛歌

1 指揮者によって。賛歌。ダビデの詩。歌。
2 沈黙してあなたに向かい、賛美をささげます。
シオンにいます神よ。
あなたに満願の献げものをささげます。
3 祈りを聞いてくださる神よ
すべて肉なるものはあなたのもとに来ます。
4 罪の数々がわたしを圧倒します。
背いたわたしたちをあなたは贖ってくださいます。

5 いかに幸いなことでしょう
あなたに選ばれ、近づけられ
あなたの庭に宿る人は。
恵みの溢れるあなたの家、聖なる神殿によって
わたしたちが満ち足りますように。

「すべて肉なるもの」とはすべての人類を指す。すべての人が肉体の欲望から生まれた自分の罪を悩み悔いている。わたしが犯した罪を主は赦してくださる。だからわたしは主の神殿で感謝と賛美の献げものをささげますと語る。

### 6―9節：神の天地創造の業

6 わたしたちの救いの神よ
あなたの恐るべき御業が
わたしたちへのふさわしい答えでありますように。
遠い海、地の果てに至るまですべてのものがあなたに依り頼みます。

7 御力をもって山々を固く据え
雄々しさを身に帯びておられる方。
8 大海のどよめき、波のどよめき
諸国の民の騒ぎを鎮める方。
9 お与えになる多くのしるしを見て地の果てに住む民は畏れ敬い
朝と夕べの出で立つところには喜びの歌が響きます。

人の罪を赦してくださる神（「救いの神」）は、同時に天地創造の神でもある。神は力（「御力」）と「雄々しさ」をもって万物を造り、「固く据え」た方であるからこそ、人類を罪から救う力をもっている。神はまた「諸国の民の騒ぎを鎮める」方であるという。「騒ぎ」とは民族と民族の間の紛争、戦争であろう。神は人の欲望から生まれる戦争が空しいものであることを自然界の力によって示すというのである。

## 10―14節：豊作の喜びと賛美

10 あなたは地に臨んで水を与え

豊かさを加えられます。
神の水路は水をたたえ、地は穀物を備えます。
あなたがそのように地を備え
11 畝を潤し、土をならし
豊かな雨を注いで柔らかにし
芽生えたものを祝福してくださるからです。
12 あなたは豊作の年を冠として地に授けられます。
あなたの過ぎ行かれる跡には油が滴っています。
13 荒れ野の原にも滴り
どの丘も喜びを帯とし
14 牧場は羊の群れに装われ
谷は麦に覆われています。
ものみな歌い、喜びの叫びをあげています。

神は天から雨を降らせ、地に水を与える。水は山と谷を流れて水路となる。水は畑の土をならし、柔らかにし、畝を潤す。畑、麦、穀物、油は人の農業労働を間接的に示している。畑と牧場の選定と開墾の労働には長年の伝統と深慮にもとづく農の知恵がある。麦と油は人が食用と健康増進用の小麦とオリーブの木を選定し、栽培したからである。羊は食用と衣類の役に立つから、人が牧場で羊群を飼育している。しかしそのような人の仕事も、神が太陽の光と土地と雨の水を与えるからこそ可能である。「豊作」はいわば神と人の協働の成果である。だから豊作のときは人が喜ぶだけでなく、丘も谷も荒れ野の原も喜びの声を上げているようだ、とこの詩人は詠う。「ものみな歌い、喜びの叫びをあげています」の一節は、全地が神の豊かな恩恵を感謝し、さまざまな楽器で交響曲（シンフォニー）を演奏し、合唱しているかのようである。

しかし、翻って現代に生きるわれわれは、この詩人の賛歌に必ずしも思いを一つに合わせることができない危惧を覚えずにはいられない。最近増えつつある風水害、異常気象、土砂災害、それに地球の極地圏では氷山の融解が起きている。加えて、新型コロナウイルスの感染拡大が止まらない。これは人間が自然（とくに森林）の開発をとことん追求した挙句の果てに、ウイルスが自然界の中から呼び出されて、人間に逆襲しているように思えてならない。最近、「人新世」（Anthropocene）（ジンシンセイとも、ヒトシンセイともいう）という言葉を語る人が増えている。人間はアルミニウムやプラスチック、コンクリート、炭素微粒子（化石燃料の燃焼によって排出）、殺虫剤、放射性物質（核爆弾から放出）を陸地や海にまき散らしてきた。これらは新たな地質年代「人新世」を宣言する根拠となりうるというのである。地質年代でいう完新世（一万一七〇〇年前に始まる）に次ぐ人新世が紀元一九五〇年に始まるという学者の説がある（J・ザラシーヴィッツ、英国レスター大学教授、『日経サイエンス』二〇一六年年一二月号）。産業革命（一八世紀後半以後）が人新世の開始と見る学者もいる（クルッツェンとステルマー）。またユヴァル・ノア・ハラリ（エルサレムのヘブライ大学教授）は、われわれは公式には完新世に生きているが、過去七万年間は人新世と呼ぶほうがいいかもしれないという（『ホモ・デウス』、二〇一五年、河出書房新社、二〇一八年）[1]。

現代の我々はこのような懸念の中に生きている。豊作と祭りをいつまで続けられるのか、不安の中に生きている。人類の活動を今後、大幅に抑制し、地球の生物資源の消費を年々再生する範囲内に留め、また廃棄物を環境が吸収できる範囲内に留め、資源を大切に使う方向へ転換すべきときが来ている。

# 2　詩篇104編　自然界の創造と人の「農」

## 1―9節：天地創造

1 わたしの魂よ、主をたたえよ。
主よ、わたしの神よ、あなたは大いなる方。
栄と輝きをまとい、
2 光を衣として身を被っておられる。
天を幕のように張り、
3 天上の宮の梁を水の中にわたされた。
雲を御自分のための車とし
風の翼に乗って行き巡り
4 さまざまな風を伝令とし
燃える火を御もとに仕えさせられる。
5 主は地をその基の上に据えられた。

地は、世々限りなく、揺らぐことがない。
6 深淵は衣となって地を覆い
水は山々の上にとどまっていたが
7 あなたが叱咤されると散って行き
とどろく御声に驚いて逃げ去った。
8 水は山々を上り、谷を下り
あなたが彼らのために設けられた所に向かった。
9 あなたは境を置き、水に越えることを禁じ
再び地を覆うことを禁じられた。

主が天地を創造したという偉大な業を成し遂げたことをたたえる言葉である。天、光、水、地、風、火が神の創造した基本的要素として言及されている。この個所は創世記の最初の部分、1章1―8節を連想させる。そこには「初めに、神は天地を創造された」、「光あれ」などの言葉が語られている。

地・水・火・風の元素はヘブライの伝統以外でも同様な思索の伝統が伝えられている。

古代ギリシャではアリストテレスが『形而上学』の中で地、水、火、空気を四元素とした[2]。また仏教では、地水火風を四大として、また地水火風に空（空間）を加えて五大として物質（色法）の構成を説いた[3]。中国思想では、陰陽五行説が知られている。陰陽が基礎的な要素であり、木火土金水はより高次の要素であるとされる[4]。

詩篇104編のこの個所（1―9節）はこれに続く10―35節の部分の序論をなしている。天地創造の壮大な世界を背景として、草木、鳥、野の獣、そして人が生まれ、活動するのである。

**10―18節：草木、鳥獣、人の創造**

10 主は泉を湧きあがらせて川とし
山々の間を流れさせられた。
11 野の獣はその水を飲み
野ろばの渇きも潤される。
12 水のほとりに空の鳥は住み着き
草木の中から声をあげる。

13 主は天上の宮から山々に水を注ぎ
御業の実りをもって地を満たされる。
14 家畜のためには牧草を茂らせ
地から糧を引き出そうと働く人間のために
さまざまな草木を生えさせられる。
15 ぶどう酒は人の心を喜ばせ、油は顔を輝かせ
パンは人の心を支える。
16 主の木々、主の植えられたレバノン杉は豊かに育ち
17 そこに鳥は巣をかける。
こうのとりの住みかは糸杉の梢。
18 高い山々は野山羊のため。
岩狸は岩場に身を隠す。

主は天地創造に続いて生き物を創造される。すなわち、草木、森、鳥（鳥、こうのとり）や獣（野山羊、岩狸）、そして人を創造する。鳥は水のほとりに住み着く。他の鳥は森に巣

を作る。野の獣は谷川の水を飲む。人は「地から糧を引き出そうと働く」。人は他の生き物のように狩猟採集だけで糧を得るのではなく、糧となる草木と土地の一区画に積極的に、意識的に働きかけて労働する。そして収穫した小麦からパンを、オリーブの実から油を、ぶどうの実からぶどう酒を造る。

**19―24節：月と太陽、昼夜と季節の循環**

19 主は月を造って季節を定められた。
太陽は沈む時を知っている。
20 あなたが闇を置かれると夜になり
森の獣は皆、忍び出てくる。
21 若獅子は餌食を求めてほえ
神に食べ物を求める。
22 太陽が輝き昇ると彼らは帰って行き
それぞれのねぐらにうずくまる。
23 人は仕事に出かけ、夕べになるまで働く。

24 主よ、御業はいかにおびただしいことか。
あなたはすべてを知恵によって成し遂げられた。
地はお造りになったものに満ちている。

主は月を造り、春夏秋冬という季節の循環、すなわち年を定め、また太陽を造って昼夜の循環、すなわち日を定めた。人は朝早くから農作業にいそしみ、日暮れまで働く。こうして、人と生き物に活動と睡眠の休息の時を定めた。

**25―28節：海の生き物**

25 同じように、海も大きく豊かで
その中を動きまわる大小の生き物は数知れない。
26 舟がそこを行き交い
お造りになったレビヤタンもそこに戯れる。
27 彼らはすべて、あなたに望みをおき
ときに応じて食べ物をくださるのを待っている。

28 あなたがお与えになるものを彼らは集め
御手を開かれれば彼らは良い物に満ち足りる。

主は海にもさまざまな生き物を造った。彼らは主から糧をたえず与えられて生きている。
レビヤタンという海の怪獣（おそらく鯨であろう）も活動している。

## 29―30節：生と死、世代交代

29 御顔を隠されれば彼らは恐れ
息吹を取り上げられれば彼らは息絶え
元の塵に返る。
30 あなたは御自分の息を送って彼らを創造し
地の面を新たにされる。

人と生き物は一定の期間生かされ、活動し楽しむことを許され、やがて老いて「息絶え、
元の塵に帰る」。誕生も死も本人の意思によるものではない。誕生は主からの贈り物であ

り、死も主の意思による。主はたえず新たな人と生き物を造り、生かしたもう。こうして
「地の面を新たにされる」。人も生き物も草木も神の摂理の下で世代交代を続けるのである。

### 31―35節：神の創造の賛歌と祈り

31 どうか、主の栄光がとこしえに続くように。
主が御自分の業を喜び祝われるように。
32 主が地を見渡されれば地は震え
山に触れられれば山は煙を上げる。
33 命ある限り、わたしは主に向かって歌い
長らえる限り、わたしの神にほめ歌をうたおう。
34 どうか、わたしの歌が御心にかなうように。
わたしは主によって喜び祝う。
35 どうか、罪ある者がこの地からすべてうせ
主に逆らう者がもはや跡を絶つように。

この詩人は神の天地と生き物と人類の創造の業がいつまでも続きますようにと祈る。そして草木と森林と、鳥と獣と海の魚などの生き物と、全世界の人類にたえず新たな若い世代を生み出して下さるようにと祈る。この神の御業をほめ、祝おうという魂の感情の高まりが感じられる。

しかし最後の節で「罪ある者」、「主に逆らう者」が消え去るようにとの祈りが語られる。この詩人が当時どのような人間を念頭において語ったのかは明らかではない。現代でも、人々の繁栄と豊かな生活のためと称して、開発、経済発展、経済成長のためという掛け声のもとに自然界を破壊する人々がいる。それによって私利を追求している巨大企業がいる。しかも国境を超えて、貨幣の支配力によって自由に活動するグローバル企業がいる。現に地球温暖化が進行し、世界各地で異常気象、猛暑、風水害が起きている。森林伐採の結果、絶滅を危惧されている生物種が多く、生物多様性が減少している。その上、自分たちが古来、生活の糧と資源にしていた土地や森林が奪われた先住民や貧しい人々が世界各地にいる。私たちは自然の恵みをいつまでも受けられるように大切に保存するよう促す自然界の声を耳を澄まして聴くべきではないか。たとえ私たちが都市に住む消費者であっても、毎日食べる米や野菜は農村で生産されているのであるから、私たちはときには「地から糧を引き出す」農の営みに参加し、農民にじかに接し、彼らの悩みや訴えの声に耳を傾ける必要があるのではないか。

今こそ、私たちが詩篇104編の詩人の祈りに心を合わせるときではないだろうか。

（1）『現代思想』（青土社）二〇一七年一二月号は特集「人新世」を組んで議論を展開している。また斎藤幸平『人新世の資本論』（集英社、二〇二〇年）は注目すべき著作である。
（2）アリストテレス（一九八七）『形而上学』、出隆訳、第一巻3―5章、岩波文庫、上巻31―40頁。
（3）中村元監修（一九八七）『新・佛教辞典』、誠信書房、項目「四大」、「五大」。
（4）森三樹三郎（一九七五）『中国思想史』、第三文明社、上巻188―194頁。

参考文献

月本昭男（二〇二〇）『詩篇の思想と信仰』、Ⅵ、新教出版社

## 3　詩篇147編6―14節　農と平和

6 主は貧しい人々を励まし
逆らう者を地に倒される。
7 感謝の献げ物をささげて主に歌え。
8 主は天を雲で覆い、大地のために雨を備え
山々に草を芽生えさせられる。
9 獣や、鳥のたぐいが求めて鳴けば
食べ物をお与えになる。
10 主は馬の勇ましさを喜ばれるのでもなく
人の足の速さを望まれるのでもない。
11 主が望まれるのは主を畏れる人
主の慈しみを待ち望む人。
12 エルサレムよ、主をほめたたえよ

13 主はあなたの城門のかんぬきを堅固にし
あなたの中に住む子らを祝福してくださる。
14 あなたの国境に平和を置き
あなたを最良の麦に飽かせてくださる。

神は貧しい人や病人などの弱者を励ます。誰ひとり取り残されないよう配慮する。「逆らう者」とは、富と力を笠に着て弱者を虐げる者であろう。主は彼らを倒し、懲らしめる。神はこうして公正を求めるのである。
神はまた天から雨を降らせ、山と平野の草木を生えさせ、鳥や獣を養いたもう。神は多様な生き物がすこやかに生き、生命を楽しむさまを見て喜ぶ。しかし神は「馬の勇ましさ」と「人の足の速さ」を望まない。これは軍馬と戦士の戦場での勇敢さと俊足のことで、神が国の戦争と強い戦力を喜ばないことをいう。神が望むのは、民が神を敬いつつ、公正と平和を創ることである。「主の慈しみを待ち望む人」とは、主が雨と大地と太陽の働きを与えてくれるのを待ち望み、これを感謝して受け、農の仕事に励む人。そして神からの贈り物である収穫物に感謝し、地域の人々と分かち合い、楽しむ人である。「あなたの国境に平和を置き」とは、領土争いを止めさせ、隣国との平和友好をもたらすこと。神が国内に平和をもたらすこと。平和とは、麦などの食糧が十分に得られること、貧困に苦しむ者がいないこと、神の意思に逆らって弱者を抑圧または搾取しないこと、人々が互いに助け合い、ともに楽しむことである。

右の聖句は現代社会にとって重い意味をもっている。現代の社会、とくに日本社会では自然環境と生態系が人間の過度の欲望のために破壊され、人々の貧富の格差が経済成長の追求の結果として拡大し、国は戦争体制へと走りつつある。他方で農業と農家が軽視され、農の担い手が急速に減少しつつある。人々の安定した暮らし、人と人のつながりにもとづく平和が危うくなっている。食と農が経済成長よりも重要だという認識が広まり、それが社会と政治に反映されてはじめて、平和が確かなものになるだろう。

# 2　農夫アモスの預言

旧約聖書の中のアモス書はアモスの預言活動を伝えている。旧約聖書の預言者といえば、代表的な存在としてまずイザヤ、エレミヤの名が浮かぶ。彼らに比べれば、アモス、ホセア、ミカなどの名はあまり広く知られていないかもしれない。イザヤ書が全六六章、エレミヤ書が全五二章であるのに比べても、アモス書はわずか九章の長さにすぎない。アモス書がホセア書、ミカ書、ヨエル書などと共に「小預言書」と呼ばれるのはもっぱら文書の短さのゆえであろう。しかしもしそれらがその内容の深さや重要性においても「小さい」かのように受け取られるとすれば、それは大きな間違いであろう。アモスの生活体験にもとづく神信仰、彼がそこで生きたイスラエル王国の政治と社会の鋭い観察、そこから生まれた幻視および神との対話の体験、神殿の祭司との論争、国王と国土に対する神の裁きと災厄の預言、そして正義の回復と困窮者の救済を促す神の呼びかけの言葉を語るアモスの熱い思い。アモス書はその力強さと深さにおいて聖書の他のどの文書にも劣らぬ一個の人格の熱情と精神の躍動を証ししている。以下において、アモスの時代と彼の預言活動をより詳しく見ていきたい。

## 1　アモスの時代と社会

アモスが活動したのは紀元前八世紀半ばのイスラエル王国においてである。イスラエルの民がエジプトを脱出し、カナンの地に定着したのは前一二五〇年ごろから一二二五年頃といわれる。カナン定住以前は、この民は砂漠に生きる半遊牧民であった。羊の群れを連れて季節的に移動し、その地方の土地所有者との間に法的協定を結び、土地使用権を得て一時的に滞在する。そして季節が変われば、他の地方へと移動していた。半遊牧民としての集団行動に関わる政治的決定は諸部族の代表たる長老の合議によって民主的に行われていた。このイスラエルの民がカナンの沃地に入り、先住民との度重なる戦争を経て、この地に定住したのである。砂漠から沃地へ、半遊牧生活から農耕生活への移行はこの民にとって大きい経験であった。やがて、周辺の先住民諸王国との戦争に耐えるための必要から、イスラエルも王制を導入した。定住と王による支配という二重の変化は彼らの生活と精神に大きい影響を及ぼすことになる。定住農耕生活は土地所有を必要とする。

定住後、土地は家族単位に一定の私有地として分配され、世襲相続制とされたが、王国時代に入ると、土地が大土地所有者に集中されることになった。それに伴って、諸都市が生まれた。そして都市と農村、富裕な大土地所有者階級と貧しい農民の相違が明白になっていった。

ダビデが前一〇〇〇年ごろ築いた帝国はその息子ソロモンに受け継がれて繁栄を極めたが、前九二二年のソロモンの死後、北王国イスラエルと南王国ユダに分裂した。アモスが預言したのはイスラエルの王ヤロブアム二世（在位、前七八七―七四七年）とユダの王ウジヤ（前七八三―七四二年）の時代である（アモス書1章1節。以下、アモ1・1と略記）。ヤロブアム二世の治世については、列王記下14章23―28節に記述があり、それによれば、彼は「レボ・ハマトからアラバの海までイスラエルの領域を回復した」という。レボ・ハマトは遥か北方のオロンテス川の河畔の町であり、「アラバの海」とは死海を指す。当時のイスラエルの領土がいかに広大であったかがうかがわれる。「回復」というのは、おそらくヤロブアムの祖父、ヨアハズの治世下、アラムの国（ガリラヤ湖の東北方にあるシリア人の国）によって奪われた領域の一部を武力で奪回したことを指すと思われる。アラム国からの領土の奪回はすでにヤロブアムの父ヨアシュによっても行われており（列王記下13・25）、ヤロブアムの時代のイスラエルはこうして政治的・経済的繁栄を享受することができた。しかしこの繁栄の陰にはさまざまな社会的不正と不法、支配階層の腐敗と奢侈、農民や貧困者の苦しみや嘆きの声があった。アモスはこの社会の平和と豊かさの外観の陰に隠された真実を、神に強く促される思いから、公に語り、警告の言葉を発することになったのである。

ヤロブアム二世は四〇年間王位を維持するほどの政治的安泰を誇っていたが、しかし彼の死のわずか二五年後（前七二二年）、北王国イスラエルはアッシリアに滅ぼされる運命を辿るのである。

## 2　アモスについて

アモスとはどのような人物だったのだろうか。アモス書の冒頭に「テコアの牧者の一人であったアモス」と説明されている。テコアとは南王国ユダの首都エルサレムの南方約20キロメートルに位置する町である。そうだとすれば、アモスはユダ王国の住人である。しかしユダに住む人間がなぜ隣国イスラエルで預言するのかという疑問が生ずるが、その説明はのべられていない。一部の学者によれば、ここでいうテコアは北王国のガリラヤ地方の同名の町を指すという。もしこの説を採れば、右の疑問は解消する。以下で見るように、アモスが首都サマリアの宮廷の支配階級の暮らしぶり、ベテルの神殿の祭儀の実態、地主や商人の行動、農民の生活などの細部に言及していることを考慮すれば、彼が北王国のテコアの住人であった可能性が高いと思われる。

彼は祭司アマツヤとのやりとりの中で「わたしは家畜を飼い、いちじく桑を栽培する者だ」と語っている（アモ7・14）。ここでいう「家畜を飼う者」、また「牧者」（アモ1・1）が牧畜業者なのか、雇われ牧者なのかは明らかでない。「いちじく桑」の木は幹が太く、一〇―一三メートルの高さに達する。建築用材に使うことを目的として栽培された。その実はいちじくの実より小さく、淡い味で、貧しい人々が食べるものだという。その実に切り傷をつけると、虫害を防止できるという。旧約聖書の七十人訳（前三世紀のギリシャ語訳）とラテン語訳（ウルガータ。紀元後四〇〇年頃）の当該箇所によれば、アモスはいちじく桑の実に切り傷をつける人（bōlēs）だった。この仕事は低賃金の労働で、羊飼いまたは貧しい者の仕事だったという。アモスは牧場や農園で働く貧しい農夫だったようである。

では、一介の農夫にすぎなかった彼がどうして預言活動をするにいたったのだろうか。

アモスはアマツヤとのやりとりの中でこういう。

主は家畜の群れを追っているところから、わたしを取り、「行って、わが民イスラエルに預言せよ」と言われた。（アモ7・15）

すなわち、彼が牧場で家畜の群れを見守っているとき、イスラエルの民に主の言葉を語れという神の声を聞いたのである。語れと命じられた言葉の内容は、あとで詳しく見るとおりである。牧者であり農夫にすぎない人間が人々に預言する使命を受けるというのは、一見理解しがたいように見える。しかしもしこれが事実であれば、アモスは神への信仰の篤い人間であったろう。彼が家畜の群れを追う生活を送っていることを見ると、彼はかつての半遊牧民の生活を今もなお保持している集団に属していたかもしれない。いずれにせよ、彼は牧羊者として貧しいけれども、比較的自由で独立した生活を保ち、イスラエル社会の都市や裕福な宮廷人、都市貴族らを遠くから批判的に眺める位置にいたといえよう。彼はたんに牧場といちじく桑畑で働くだけでなく、広く社会のさまざまなところで人々の生活の実情を体験し、また見聞を広める経験を積んだにちがいない。首都サマリアの町と宮廷の周辺や、神殿の所在地であるベテルをもしばしば訪れたであろう。また地方の町の市場で商人がさまざまな商品、穀物や野菜や果物、小間物や道具を販売している様子は、彼が見慣れた光景であったと思われる。彼はまた町の門の傍で裁判の場が設けられ、そこで人々が裁判人にさまざまな苦情や救済の訴えを聞いてもらおうと列をなしているのを見たであろう。アモスは農夫という社会の下層の人間としてこれら社会の実情を見聞きするうちに、心の中に鬱勃として湧いてくる気持ちを語らずにはいられない心境になったと思われる。彼が神の声を聞いたと信じたのは、その気持ちが抑えがたく高まったときであろう。彼はいう。

7 まことに、主なる神はその定められたことを
僕なる預言者に示さずには
何事もなされない。
8 獅子がほえる
誰が恐れずにいられよう。
主なる神が語られる

誰が預言せずにいられようか。（アモ3・7―8）

アモスは、自分の心に浮かんだ思いは神から示された預言なのだという強い確信を抱いたことがうかがわれる。しかも驚くべきことに、彼が聞いた預言の言葉は神のイスラエルに対する裁きのそれであった。しかし、たとえ神から託された言葉が祖国に対する災いの預言であっても、自分は語らなければならない。「誰が預言せずにいられようか」という言葉に、自分が語らなければならないというアモスの強い使命感が端的に現れている。

他方で、アモスは「わたしは預言者ではない。預言者の子でもない」（アモ7・14）という。アマツヤが彼を「先見者」（「預言者」とほぼ同義）と呼んだことに対して答えた言葉である。預言者の存在はイスラエル民族の歴史の中で古くから見られるが、アモスの時代にはエリヤ、ミカヤ、エリシャらがよく知られた預言者であった。エリヤ（前八七〇年頃から八四五年ごろまで活動）は豊穣の神バアル（イスラエルの民がカナンの地に移住し定着する以前から先住民の間で崇拝されていた）の祭儀がイスラエルの民の間に広がることに対して断固として戦い、優柔不断な国王と対立しながらも、イスラエル民族の唯一神への信仰を守ろうと努めた人である（列王記上17・1―下2・18）。エリシャ（前八五〇―七九〇年頃に活動）

は預言者集団に属していた。彼は病人をいやすなどの奇跡を数々行うとともに、イスラエル国王の助言者として政治と戦争にも深く関わり、時には王位の人事にも関与する幅広い活動をした人物である（列王記下2・19―13・20）。これに対して、アモスは単独で行動した点ではエリヤと共通し、預言者集団との関係をもっていたエリシャと異なる。またアモスはエリヤのようにバアルという異教の神を排除することよりも、むしろ社会における正義と公正、農民や貧しい人々を救う行為を重視した。この点では、病気や不幸で悲しむ人々を救う業を行ったエリシャと共通するところがある。さらに、アモスは政治の中枢である国王に対しては距離をおくばかりか、むしろ王に対する厳しい裁きの預言を発している。その点ではエリヤと似ており、王の傍らで指導・忠告したエリシャと異なる。このように、アモスは自身の預言活動がエリヤやエリシャと共通点をもちながらも、二人のいずれとも異なる使命、異なる重点の置きどころをもっていることを自覚していた。

最後につけ加えれば、エリヤ、エリシャの預言活動は列王記と歴代誌という史書の中で物語風に叙述されているのに対して、アモスの預言の言葉はほぼ正確かつ詳細に記述された形で保存され、しかも独立した文書として遺されている。またエリヤ、エリシャの場合、言葉よりも行動に重点が置かれているのに対し、アモスにおいては語られた言葉が中心をなしているという違いがある。
次に、アモスの語る言葉をいくつかのテーマに分け、順に見て行こう。

## 3　社会的不正義の横行と苦しむ人々

アモスはイスラエルの人々の生活と社会にひそむ諸問題を鋭い観察眼をもって指摘している。彼はまず大地主を取り上げて、こういう。

お前たちは弱い者たちを踏みつけ、
彼らから穀物の貢納を取り立てる……。
（アモ5・11）

ここでいう「お前たち」とは大地主、「弱い者たち」とは小作農民である。すでに第一節でのべたように、王国時代以後、土地を獲得して大土地所有者になる者が増加した。彼らは都市に住み、都市貴族として力を増し、都市の外部に広大な土地を支配していたのである。彼らは宮廷とも繋がりを深め、支配階級の重要部分を形成した。

大地主が土地を独占的に所有している地方では、他の住民は自分の家族が生きていくための最小限の土地すらも所有できず、大地主の土地を借りて耕し、収穫した穀物のかなりの部分を小作料として地主に貢納しなければならない。地主が貢納の要求を高く引き上げるので、小作農民は日々の食べ物にも事欠き、生活に窮するようになる。貧しい農民たちは訴えるべきところを求めて、裁判人たちのもとに向かい、救いと慈悲を求める。裁判人とは法的な紛争やもめごとを裁決する権限をもつ公的な司法の役職の人であり、その地方の長老がその地位に就いていた。すると、大地主は農民たちが裁判人に訴えたことを知り、裁判人たちが自分に不利な判決を下さないかと恐れる。アモスはいう。

彼ら［大地主―引用者注］は町の門で訴えを公平に扱う者を憎み
真実を語る者を嫌う。（アモ5・10）

「町の門」とは、裁判人が人々の訴えを聴き、それに関して判決を下す裁判が行われる場所である。当時は現代のように裁判所が建物として存在せず、人々が頻繁に通行し、訪れることが容易な場所、すなわち町の門の傍に、裁判人が一定の時期に開設するのである。

「訴えを公平に扱う者」とは、訴えの内容を正しく適切に把握し、人を偏り見ることなく、公正に判断する裁判人のことであろう。「真実を語る者」も、訴えの正当性を認めてそれにふさわしい判決を下す裁判人を指している。大地主たちは自分たちの小作農に対する過酷な貢納の取り立てを不法と判断するような裁判人を憎み、貧しい人々の生活を守る真実な判決を下す裁判人を嫌う、とアモスはいう。地主は、裁判人が小作人たちの苦境に同情して彼らの訴えを聞きいれるような判決を下すことを阻止したいとたくらむ。地主が裁判人にどのように働きかけたかについて、アモスはこういう。

お前たちの咎《とが》がどれほど多いか
その罪がどれほど重いか、わたしは知っている。
お前たちは正しい者に敵対し、賄賂を取り
町の門で貧しい者の訴えを退けている。
（アモ5・10）

「お前たち」とは、裁判人たちを指している。アモスは、彼らが地主から賄賂を受け取った事実を指摘し、これを非難している。彼らは公平な裁きを行うべき、責任ある地位にいながら、その公的責任をおろそかにし、収賄という不正な私的利益の獲得に走ってしまった。貧しい者の訴えが道理にかなっているのに、また地主たちの過大な貢納の要求のほうが不当であるのに、その地主たちをかばい、小作農たちの訴えを退けた。裁判人が職務に反する行為をした罪は重い。しかしそれに劣らず、大地主たちの罪も重い。裁判人への贈賄の行為は悪辣であり、公職にある者の職務を金銭の力で自分の思うように左右しようとする彼らの不正と狡猾さがアモスの追及の的となっているのである。

次にアモスが取り上げるのは、商人である。彼はいう。

4 このことを聞け。
貧しい者を踏みつけ
苦しむ農民を押さえつける者たちよ。
5 お前たちは言う。「新月祭はいつ終わるのか、穀物を売りたいものだ。安息日はいつ終わるのか、麦を売り尽くしたいものだ。エファ升は小さくし、分銅は重くし、偽りの天秤を使ってごまかそう。6 弱い者を金で、貧しい者を靴一足の値で買い取ろう。また、くず麦を売ろう。」

7 主はヤコブの誇りにかけて誓われる。
「わたしは、彼らが行ったすべてのことを
いつまでも忘れない。」
（アモ8・4―7）

「お前たち」とは、麦などの穀物を売る商人である。新月祭とは、イスラエルで毎月の初日に行われていた祭儀のことである。この日は国民的休日とされ、仕事は禁じられていた。「新月祭はいつ終わるのか」とは、「いつ再び仕事をしてよいのか」という意味であり、仕事を再開できる日を待ちわびている様子がうかがわれる。「安息日はいつ終わるのか」も同様な意味である。麦と穀物を売って金を儲けたいという商人たちのはやる気持ちがそこに表現されている。「エファ」は容積の単位であり、一エファが約二三リットルに相当するという。「エファ升は小さくし」とは、標準的なエファ升よりもやや小さい升をこっそり作ることを指す。そうすれば、その升を使って穀物を売る商人は一エファの名目で一エファよりも少ない量の穀物を売り渡すだけで済み、その分だけ得をすることになる。分銅は金の重さを測るときの標準となるおもりである。金は貨幣として使われ、商品を購入するさいに支払われる。もし分銅の名目上の標準的な重さよりも重い分銅を作り、それを使って天秤で金を計量すれば、商人は分銅がより重くなった分に相当する重量の金を相手からだまし取ることができる。より小さい升も、より重い分銅も取引相手の目を欺く詐欺的行為である。このような不正な商行為は、当時もその後もかなり横行していたようで、レビ記（執筆年代は前六世紀前半）に次のような箇所が見られる。

あなたたちは、不正な物差し、秤、升を用いてはならない。正しい天秤、正しい重り、正しい升、正しい容器を用いなさい。（レビ記19・35―36。申命記25・13―16も参照）

「くず麦を売ろう」とは、売り物にならない質の悪い麦を売る、しかも買い手の目につかない方法で通常の麦にまぜて売るなどの行為を指すと思われる。

このような商人はあくどい不正によって、長い苦労の末に穀物を収穫した農民や貧しい人々を騙し、いっそうの困窮に陥れている。アモスはこのことをあばき、攻撃しているのである。農夫であるアモスはこのように苦しんでいる農夫仲間に身近に接する機会が多かったであろう。彼の言葉に力強さが感じられるのは、そのような彼の日常体験が背後にあるからであろう。

さらに、「弱い者を金で、貧しい者を靴一足の値で買い取ろう」という商人の言葉が加わる。弱い者、貧しい者を買うとは、人身売買の行為にほかならない。人身売買に言及している箇所がほかに二章六節以下にも見られるので、それを一緒に見よう。

6 主はこう言われる。
イスラエルの三つの罪、四つの罪のゆえに
わたしは決して赦さない。
彼らが正しい者を金で
貧しい者を靴一足の値で売ったからだ。
7 彼らは弱い者の頭を地の塵に踏みつけ
悩む者の道を曲げている。父も子も同じ女のもとに通い
わたしの聖なる名を汚している。
8 祭壇のあるところではどこでも
その傍らに質にとった衣を広げ
科料として取り立てたぶどう酒を

神殿の中で飲んでいる。（アモ2・6―8）

貧しい者を売って金を得るという人身売買の行為に言及されているこれら二箇所を合わせて考えると、この行為をしている人間は商人であると同時に金貸しまたは質屋でもあることがわかる。それは八節の「質にとった衣」と「科料として取り立てたぶどう酒」という言葉から明らかである。貧しい者は金を借りるさいに担保として衣服を質屋に預けた。また別の困窮者は金貸しから借金したが、期限が来ても返済できず、債権者である商人が返済金の代わりにワインを取り立てたという。ワインは農夫である借金者が精魂を込めて栽培し、自分で搾って造った大切な産物であったろう。債権者はそれを返済金の代わりとして無情にも持ち去った。

しかしあくどい金貸しになると、期限までに弁済できない貧しい借主を奴隷として第三者に売り払い、金を得るのだという。たとえその代金が「靴一足の値」ほどの安い値段であっても、金貸しはその金を手に入れたい。イスラエルの掟では、負債者を奴隷にすることは禁じられていた。レビ記にはこう定められている。

39もし同胞が貧しく、あなたに身売りしたならば、その人をあなたの奴隷として働かせてはならない。40雇い人か滞在者として共に住まわせ、ヨベルの年［五〇年毎に負債が免除され、奴隷が解放される年―引用者注］まであなたのもとで働かせよ。その時が来れば、その人もその子供も、あなたのもとを離れて、家族のもとに帰り、先祖伝来の所有地の返却を受けることができる。（レビ記25・39―40）

しかしこのような掟にもかかわらず、負債者の奴隷化は広く発生した。たとえば、ある女が預言者エリシャのもとに来て、「債権者が来てわたしの子供二人を連れ去り、奴隷にしようとしています」といって、助けをもとめたという例がある（列王記下4・1）。アモスが見たのはこのような強欲な金貸しによる貧困な人々の奴隷化であった。

ところで、先に引用した箇所の中に、「父も子も同じ女のもとに通い、わたしの聖なる名を汚している」（アモ2・7）という言葉がある。この女は神殿娼婦と呼ばれる女性たちである。儀礼としての売春行為は古代オリエントの豊穣儀礼において広く行われていた。母神の化身たる女性と若い男神の化身たる男性が「聖婚」の儀式を行い、国土に豊穣をもたらすことを祈願した。イスラエル民族の移住以前のカナンの地の先住民の宗教もそのような儀式を行っていた。先住民はイスラエル人の定住後もその周辺に住み、またイスラエル社会の中にも溶け込んでいたので、先住民の祭儀がイスラエルの神殿の中でもある程度行われていたことがうかがわれる（ホセア4・14。申命記23・18）。しかし、神殿参拝者と神殿娼婦との交わりという宗教儀式から神殿での世俗的売春が生まれ、これが慣行的に行われていた。「聖婚」においてはぶどう酒を飲むことが儀礼化していたので、八節の「ぶどう酒を神殿で飲んでいる」人々は珍しくなかったようである。しかしアモスはこのような売春行為が行われること自体が社会道徳の乱れであるばかりでなく、それが神殿で行われることは「神の名を汚す」行為にほかならない。ましてや売春や飲酒に使われる金銭が貧しい人々から搾り取ったものであるなら、尚更のことである。アモスは「わたしは決して赦さない」（6節）という神の声を心の中ではっきり聴いたのである。

アモスが告発したような社会的不正義は、現代のわれわれには無縁の、遠い過去の話であろうか。確かに日本における寄生地主による小作農の苛酷な搾取は一九四五年の敗戦までは存在したが、戦後の農地改革によって除去された。しかし現代の勤労民衆の労働がそれにふさわしい賃金で報われ、まともな生活を保障されているかというと、そうとはいえない。非正規労働者（パート・アルバイト、派遣社員、契約社員など）が近年増加し、二〇一六年には国全体の就業者の四割を超えたという。彼らは低賃金と賃金不払い残業の上、ボーナス、社会保険（医療、年金、雇用、労災、介護などの保険）が保障されないことが多く、いつ解雇されるかもわからないという不安定な境遇におかれている。企業の利益がその分だけ優先されているのである。少なくとも最低賃金額の大幅な引き上げの政策が必要であろう。

商人の不正な取引と詐欺については、最近（二〇一六年）の廃棄食品の横流しによる再販売の事件、大手企業のM自動車が過去二十五年間にわたって燃費（単位走行距離に対する燃料消費の割合）を偽装して市場に流通させていた事件などに見られるように、多発している。

人身売買（奴隷化）に関しては、日本企業による「外国人研修・技能実習制度」が賃金不払い、長時間労働、パスポートを取り上げて移動の制限を行うなど、中国・東南アジア出身者の人権を蹂躙する事例、また暴力団組織が性風俗産業で外国人女性を強制労働させる例が国内外の人権保護団体によって発表されている。さらに、人身売買の被害者は若い日本人女性にも増加していると指摘され、警察庁の公式発表もある程度その事実を認めているという。このように見ると、一見豊かで平和なように見える現代の日本でも、アモスの時代のイスラエルとあまり変わらない不正、抑圧、人間の尊厳の侵害が目に見えない仕方で行われているのである。

## 4　国王と裁判人に対する批判

前節ではアモスが捉えたイスラエル社会の人々の生活の実情とそこにひそむ諸問題を見たが、本節では彼が国の支配層の政治と司法をどう見ていたか取り上げてみたい。アモスは神の言葉を聞き、それを人々に告げ、預言したが、神の言葉を聞くとき、幻を見ることがあった。アモス書は彼が五つの幻を見たことを記述しており、そのうちの第三の幻について、彼はこういう。

7 主はこのようにわたしに示された。見よ、主は手に下げ振りを持って、下げ振りで点検された城壁の上に立っておられる。
8 主はわたしに言われた。
「アモスよ、何が見えるか。」

わたしは答えた。
「下げ振りです。」
主は言われた。
「見よ、わたしは
わが民イスラエルの真ん中に下げ振りを下ろす。
もはや、見過ごしにすることはできない。
9 イサクの塚は荒らされ
イスラエルの聖なる高台は廃墟になる。
わたしは剣をもって
ヤロブアムの家に立ち向かう。」
（アモ7・7―9）

見られるように、彼が見た幻の中で、神は城壁の上に立って、下げ振りを持っている。下げ振りとは、建物の建築工事のさいに、建物が地面の上に安定して建つように、柱や壁などの建材が垂直に立っているかを調べるために、建物の上部から垂直の糸を下ろす道具である。糸の先端に尖った鉛の錘（おもり）をつけて下ろし、垂直線と垂直下の地点を知るのである。神が城壁の上に立ち、下げ振りを持っているのは、城壁が傾き、崩壊する危険がないかを点検するためである。城壁とは、「ヤロブアムの家」という言葉から明らかなように、北王国イスラエルの王の住む宮殿のそれである。すでに見たように、ヤロブアムはアモスが預言活動した時期のイスラエルの王である。神による王宮の城壁の点検作業の幻の意味は、「わたしはわが民イスラエルの真ん中に下げ振りを下ろす」という言葉で説明されている。すなわち、点検される「城壁」は、神がイスラエルの民または国の状態を点検することとの比喩にほかならない。城壁が傾くことなく、正しく堅固に立っているかどうかを点検するのと同様に、イスラエルの国が公正と正義を保っているか、国の基礎をなす民が平和で安心な生活を送っているか、国の上層部が民を搾取し、虐げていないかを検査するというのである。イスラエル国という建物が頂上の部分から基底部まで、支配層から底辺の民衆にいたるまで相互に密接に結合し調和しているか、揺らぐことなく安定しているかどうかを調べようというのである。

神による点検の結果は、「わたしは剣をもってヤロブアムの家に立ち向かう」という言葉から明らかなように、神の審判と災厄がイスラエルに下されるというものである。「剣」から明らかなように、ヤロブアムの王宮が外国の軍勢によって襲撃を受けるという預言が発せられている。イスラエルの墓地が荒らされ、高台の聖所が破壊され、廃墟になるだろうという。神の審判が敵国の攻撃による破壊という形で行われるという預言である。
では、なぜ神の審判が国王とその宮殿に向けられるのだろうか。アモスはその理由を次のように言う。

9 サマリアの山に集まり
そこに起こっている狂乱と圧政を見よ。
10 彼らは正しくふるまうことを知らないと
主は言われる。
彼らは不法と乱暴を城郭に積み重ねている。
（アモ3・9―10）

「サマリアの山」とは、丘陵地に建設された北王国イスラエルの首都サマリアと王の宮殿を指す。国の支配者たちは正しい支配の行為が何であるかを知らず、王宮で「狂乱と圧政」を行っている。また「不法と乱暴」をくり返しているという。王と支配者たちの「圧政」が民に不法な行為と圧迫を加えている状況がうかがわれる。彼らが「不法と乱暴を城郭に積み重ねている」とは、国の各地で人々から不法に穀物やぶどう酒、油、果物、その他の貴重な財産を、おそらく徴税の名目のもとに、奪い取り、その略奪品を王宮の倉庫に蓄え、積み重ねているという意味ではないかと思われる。ちなみに、王が民の財産を不法に奪った例がアハブ王（アモスの時代より約百年前）とその王妃イゼベルの行為に見られる。アハブは王宮の傍にあったぶどう畑を我が物にしたいと望み、畑の持ち主である農夫ナボトに畑の売買を持ちかけたが、ナボトは祖先から受け継がれてきた土地を手放すことはできないといって断った。すると王妃イゼベルは手下の者に偽りの証言をさせてナボトに無実の罪を着せ、彼を石打ちの刑に処する。アハブは預言者エリヤから彼と王妃の非道な行為に対する神の厳しい審判の預言を告げられ、悔い改めた（列王記上21・1—29）。国王が民の財産を不法に奪った例である。

すでにダビデ王（アモスの時代より約二五〇年前）が帝国内の土地の管理と産物の収税体制を作っていた。彼は王宮の貯蔵庫、各地の畑、町、村、塔にある貯蔵庫をもち、ぶどう酒やオリーブ油を貯蔵させた（歴代誌27・25—31）。南北王国時代のヤロブアム王も基本的に同様な収税体制を維持していたであろう。

すでに第一節で触れたように、前一一世紀末に王政が開始したのは、おもに周辺諸国との戦争に耐え抜き、勝利できる国内の軍事的および政治的体制を整えるためであった。国王は宣戦、召集、軍備、徴税などの権力を一手に握ることができた。王政はかつての部族代表の長老の民主的な合議政治を廃止し、集権的ないし独裁的なものとなった。王位が世襲されると、王の権力はいっそう強まる。王は廷臣（官僚）を従え、軍や財務などの任務に当たらせる。また祭司階級をも自己の配下におき、祭儀を管轄させた。

八世紀後半に成文化されたといわれるイスラエルの律法は王に関する規定を設け、その中で「王は馬を増やしてはならない」と戒めている（申命記17・16）。軍備を増強するために多数の高価な馬を外国から買い取れば、その代価として多数の人々が奴隷とされて外国に連れ去られるからである。国の戦力や威信を高めるために、国民が犠牲になってはならない。また「王は大勢の妻をめとって、心を迷わしてはならない。銀や金を大量に蓄えてはならない」。王の蓄財と行き過ぎた享楽は国民の正直な勤労と辛苦の成果である財産を奪い、浪費する行為だからである。もしこれらの掟を忠実に守るならば、「王は同胞を見下して高ぶることなく」、イスラエルの中で王位を長く保つことができる、という（申命記17・17―20）。

このように、政治支配者は本来、人々の社会生活に公正と秩序を維持するという使命と責任を負っているはずであるのに、アモスの眼に映った現実の支配者は、みずから真っ先に公正と秩序を破壊し、農民など弱い立場の人々を苦しめている。
アモスはいう。

かつて、エジプトを襲った疫病を
わたしはお前たちに送り、
お前たちのえり抜きの兵士と
誇りとする軍馬とを剣で殺した。
わたしは陣営に悪臭を立ち上らせ
鼻をつかせた。
しかし、お前たちはわたしに帰らなかったと
主は言われる。（アモ4・10）

イスラエルの王と支配者たちは兵士と軍馬の優秀さを誇りとしていた。すでに第一節で触れたとおり、王ヤロブアムの祖父ヨアハズと父ヨアシュの二代にわたってイスラエルの

領土を奪回し拡大したが、それは強大な兵力と軍馬を備えていたからであろう。ヤロブアムの代においても、強力な軍備の維持には特別の力を傾けていたであろう。しかし軍備と戦争のためには多数の兵士を民（特に農民）の中から召集し、日々の勤労にいそしんでいる農民たちを畑や牧場から引き離し、戦場に駆り出さねばならない。兵士は負傷や病気の危険だけでなく、戦死の危険をも冒さなければならない。はたして、王はおのれが企てる戦争が民にこのような犠牲を強い、彼らの平和な日常生活への圧迫となっていることを想像したことがあるか。王は自己の勢力の拡大のために兵士と軍馬を安易に使おうとしていないか。右のアモスの言葉は「王は同胞を見下して高ぶ」ってはならないという律法（申命記17・20）の精神を含んでいると思われる。

アモスはさらに支配者を追及して、こういう。

災いだ、シオンに安住し
サマリアの山で安逸をむさぼる者らは。
諸国民の頭（かしら）である国に君臨し
イスラエルの家は彼らに従っている。
（アモ6・1）

お前たちは災いの日を遠ざけようとして
不法による支配を引き寄せている。
（アモ６・３）

「シオン」はイスラエルと理解してよいであろう。アモスは、支配者たちが国を支配する権力を握って満足し、安住と安逸に浸っていることに警告を発している。「諸国民の頭（かしら）である国」とは、われわれイスラエル民族が神の唯一の選民だという支配者たちの特権意識を皮肉る意味が込められていよう。そして国民も彼ら支配者に従順に従っているかのように見えるので、彼らは安心しきっている。しかしその自己満足が災いなのだ、とアモスは語っているのである。アモスの神はイスラエルの民を他の諸国民に優越する特別な民として扱うことはなく、傲慢なふるまいに容赦なく罰を与えるのである。

さて、首都サマリアに住む支配者たちと協力関係を結んでいるのが国の諸地方で司法を管轄する裁判人である。裁判人についてはすでに前節で彼らと大地主との秘密の違法な関係について触れたが、ここで少し補足しておきたい。アモスは裁判人たちについてこう言う。

裁きを苦（にが）よもぎに変え
正しいことを地に投げ捨てる者よ。
（アモ5・7）

馬が岩の上を駆けるだろうか
牛が海を耕すだろうか。
お前たちは裁きを毒草に
恵みの業の実を苦（にが）よもぎに変えた。
（アモ6・12）

ここで「正しいことを地に投げ捨てる者」とは、正義に反する判決を下す裁判人を指している。その判決は裕福な有力者に有利なものであるが、貧しい人々には不利な決定であり、にがよもぎのような苦痛をもたらす。次の引用個所における馬と牛に関する問いかけは理不尽なこと、あり得ないことのたとえとして、反語の形式で語られている。馬が岩の上を駆ける、牛が海を耕すなどということはおよそあり得ないことだからである。ところが、「お前たち」、すなわち裁判人たちはそのような道理に合わない判決を下しているのだ。

農民や貧しい者たちが最後の拠りどころとして司法の職にある人に救いを求めたのに、この結果である。その判決が彼らにとってどれほど耐え難く、辛いものであるかを、アモスは「毒草」と「苦よもぎ」の比喩に込めている。
律法は正しい裁判について次のように命じている。

[18]あなたの神、主が部族ごとに与えられるすべての町に、裁判人と役人を置き、正しい裁きをもって民を裁かせなさい。[19]裁きを曲げず、偏り見ず、賄賂を受け取ってはならない。賄賂は賢い者の目をくらませ、正しい者の言い分をゆがめるからである。[20]ただ正しいことのみを追求しなさい。そうすれば命を得、あなたの神、主が与えられる土地を得ることができる。
（申命記16・18—20）

またレビ記の律法にはこういわれている。

あなたたちは不正な裁判をしてはならない。あなたは弱い者を偏ってかばったり、力ある者におもねってはならない。同胞を正しく裁きなさい。
（レビ記19・15）

このように、裁判人の判決は本来、人々の間の不法を正し、正義を回復するはずであった。そして苦しんでいる人々に恵みをもたらす業となるはずであった。本来、裁判人は法と正義を守り、故なく苦しんでいる弱者を救済することを責務としているにもかかわらず、現実には強者をかばい、弱者をいっそう苦しめている。農夫アモスはこのような事態を弱者の立場に立って捉え、そこから発言し、預言しているのである。

さきに「災いだ、シオンに安住し、サマリアの山で安逸をむさぼる者らは」（アモ6・1）というアモスの言葉を見た。イスラエルの支配者たちが彼らの権力の座に安住し、安逸にひたっている様子が指摘されていた。右の言葉に続く、支配者たちの日々の生活の描写を見よう。

3 お前たちは災いの日を遠ざけようとして
不法による支配を引き寄せている。
4 お前たちは象牙の寝台に横たわり
長いすに寝そべり

羊の群れから子羊を取り
牛舎から子牛を取って宴を開き
5 竪琴の音に合わせて歌に興じ
ダビデのように楽器を考え出す。
6 大杯でぶどう酒を飲み
最高の香油を身に注ぐ。
（アモ6・3―6）

王とその一族、支配者たちが宮殿の大広間で象牙の寝台や長椅子にゆったりと身を横たえ、宴会を楽しんでいる。象牙や上質の木材から作った豪華な家具調度は、支配者たちがこれら高価なものを手に入れるためにどれだけの金とどれだけ多くの人々の労働を費やしたかを物語っていよう。彼らは子羊や子牛を屠って、美味しい肉料理をテーブルに並べ、それを賞味しながら歓談している。楽人が竪琴を演奏し、それに合わせて歌う者たちもいる。大きい杯にぶどう酒を注ぎ、その美味を味わう者もいる。最高級の香油を身体に注いで楽しむ女性もいる。香油は喜びの象徴でもあり、贅沢な化粧品でもあった。宮廷に集まる支配者たちがいかに享楽的な生活を楽しんでいたかが想像される場面である。しかしその香油はオリーブの実から搾り取られて精製される産物である。香油はオリーブを栽培する人、その実を収穫して搾る人、香油を首都サマリアに運搬する人たちの辛苦の労働の成果であり、結晶である。それらの労働に携わる農民は大地主の下で重い貢納の義務に縛られているのである。

右の箇所と関連する別の箇所では、アモスはこういう。

この言葉を聞け。
サマリアの山にいるバシャンの雌牛どもよ。
弱い者を圧迫し、貧しい者を虐げる女たちよ。
「酒を持ってきなさい。一緒に飲もう」と
夫に向かって言う者らよ。
（アモ4・1）

バシャンはヨルダン東方の地、キネレト湖（ガリラヤ湖）の東北部にある放牧地である。アモスはサマリアの（おそらく支配層に属し、宮廷に出入りする）女たちをバシャンの雌牛にたとえたのである。アモスのこの比喩の中に、彼の彼女らに対する強い反感が感じられる。

その反感は、この女たちが弱い者たちを圧迫し、貧しい者たちを虐げていることから来ている。おそらく、彼女らが特別に弱者を圧迫し虐げる行為をしたのではなく、彼女らの大たちが支配層の仲間として民衆に対する圧政に加担していたのであろう。しかし彼女らはその夫ら以上に享楽的で、高慢である。夫に酒を持って来いと命じ、一緒に飲もうと誘っている。彼女らが楽しみ、浪費する贅沢な酒と子牛・子羊の肉が誰の労働によって作られたか、生産者である農民の手からどのようにして離れ、宮廷にもたらされたのか、はたしてそれは正義と公正にかなっているかという問いは、彼女らには想いもよらない事柄であろう。アモスの反感はそこにある。

ここで先に引用した箇所、「お前たちは災いの日を遠ざけようとして、不法による支配を引き寄せている」（アモ6・3）に戻ろう。「災いの日」とは、敵国が襲来し、サマリアが陥落するかもしれない将来の災厄のことである。「災いの日を遠ざけようとして」とは、「敵国によるイスラエルの破滅を意識から遠ざけようとして」の意であろう。災いの危険を忘れるために、王宮で現在の王権の安泰と繁栄を祝おう。そして宴会を楽しもう、と王と宮廷人たちは思っている。しかしアモスは言う。支配者たちは災いの危険を忘れ、遊興にふけることによって、かえって敵国による不法な来襲と征服を引き寄せ、招いているのだと。

アモスは先に見た宴の描写に続く箇所でこういう。

6 しかし、［お前たちは＝王と宮廷人たちは―引用者注］ヨセフの破滅に心を痛めることがない。
7 それゆえ、今や彼らは捕囚の列の先頭を行き
寝そべって酒宴を楽しむことはなくなる。

（アモ6・6―7）

支配者たちは酒宴を開いて飲み、食べ、歌い、わが世の春を謳歌していて、その間にもイスラエルの破滅が近づいていることに気づかず、心配する様子もない。「彼ら」とは、それ以前の数節にある「お前たち」と同じ人間たち、すなわち宮廷に集う支配者たちである。彼らは、今は酒宴を楽しんでいるが、来たるべき敵国襲来の日には征服され、敵の捕虜として連れ去られるであろう。宴の歓楽は一転して、外国支配者の奴隷としての強制的連行と苦役の日々と化すであろう。

アモスが支配者たちのふるまいを見る眼は厳しい。その厳しさは彼自身の農夫としての

視点から、また彼の仲間である地域の農民たちや貧しい人たちの、いわば下層からの視点から来ている。それに着目するならば、彼の厳しさがよく理解できるであろう。

今、目を現代に転じれば、現代日本の政府とその政治は国民の生活と平和を守り、尊重しているだろうか。第二次大戦後の復興と経済成長の過程において水俣病事件が起こった。このさいに、政府はこの病気の原因が企業チッソの排出したメチル水銀であることを公式に認めるまで一二年もの間企業を擁護し、対策を怠り、人々の被害を拡大させた。また被害者認定の条件を厳しく制限し、被害者への補償を極力少なくする態度を取り続けた。また沖縄についても同じことがいえる。政府が起こしたアジア太平洋戦争において国内唯一の地上戦の戦場となった沖縄は多数の民間人犠牲者を出した。戦後も沖縄に広大な米軍基地が置かれ、一九七五年まで施政権も奪われたままであった。住民は基地公害と米兵の犯罪に苦しんできた。現在沖縄県は政府による普天間基地の辺野古沖への移設計画に反対し、県外移設を求めている。さらに、二〇一一年の福島の原発事故に関しては、政府の原発推進政策と東京電力の安全対策の不十分さが原因であり、多数の住民が生活と仕事の場と故郷を追われ、異郷での暮らしを余儀なくされている。しかし政府はこの事故の後も、国のエネルギー確保のためという理由で全国各地の原発を再稼働させようともくろんでいる。

水俣、沖縄、福島の住民は戦後歴代の政府の偏った経済成長・繁栄一辺倒の政策と軍事力優先の安全保障政策のいわば捨て石とされ、安全で平和な生活と人権を奪われ、生きる根拠としての土地と故郷を失ったのである。もしもアモスが現代日本の社会に現れたら、彼はどんな言葉を発するだろうか。

## 5　万国の民を公平に見る神への信仰

前節において、イスラエル王国の支配者が国の繁栄の果実と安逸をむさぼり、正義と公正の政治に背を向けている状態をアモスが強く告発したことを見た。支配者たちは征服によって広大な領土を擁し、国内的にも支配を固め、宮殿を堅固な城壁で囲って万全にしたのだから、我が国は安泰だと信じている。その上、彼らは「わが民が神の選民であり、神が我らをエジプトの地から救ってこのカナンの地に導いてくれたのだから、現在もわが民を特別に守ってくれる」と安心している。しかし、アモスが聞いた神の声はイスラエルの民のエジプト脱出について全く異なった見方を語る。アモスは言う。

イスラエルの人々よ。
わたしにとってお前たちは
クシュの人々と変わりがないではないかと
主は言われる。
わたしはイスラエルをエジプトの地から
ペリシテ人をカフトルから
アラム人をキルから、導き上ったではないか。
（アモ９・７）

クシュの人々とは、エチオピア人を指す。イスラエルの民がエジプトを脱出したときのエジプトの王はエチオピア系王朝に属していた。イスラエルの民は自分たちを奴隷として苦しめたエチオピア人たちを憎み、軽蔑しているが、しかしイスラエル自身も近隣諸国の領土を奪い、人々を奴隷として売り払うなど、エチオピア人と同様なことをしているではないか。イスラエルの民は、出エジプトという歴史的体験が成功したのは自分たちが神の選民だからだと誇っているが、しかし神はイスラエルを他の国民と比べて特別扱いしているわけではない。神はイスラエルをエジプトの支配から救ったと同様に、ペリシテ人をカフトル（クレタ島）から、アラム人（シリア人）をキル（シリア・アラビア砂漠の北東部の町といわれるが詳細不明）から現在のパレスチナの地に導いたのだ。神はそれぞれの民の歩みを導き、見守っているのであり、イスラエルだけを特別扱いしているのではない。イスラエルはうぬぼれてはいけない。イスラエルの支配者は自国の民に対しても近隣の諸国民に対しても身勝手な行動をすることは許されない。アモスはさらに次のような神の言葉を告げる。

9 見よ、わたしは命令を下し
イスラエルの家を諸国民の間でふるいにかける。
ふるいにかけても
小石ひとつ地に落ちないように。
10 わが民の中で罪ある者は皆、剣で死ぬ。
彼らは、災いは我々に及ばず
近づくこともない、と言っている。

（アモ9・9―10）

「わが民の中で罪ある者」とは、おもにイスラエルの支配層（王、大土地所有者など）であろう。彼らは自分たちが神の選民であるから、災いが来るはずがないと安心している。しかし、神は「イスラエルの家を諸国民の間でふるいにかける」という。他の諸国民が神の命じた正義と公正の道を歩んでいるか否かを精査すると同様に、イスラエルをも精査するという。「小石ひとつ落ちないように」の句は、神がイスラエルの小さな罪をも見逃さず、厳格に調べるという意味であろう。その精査の結果はどうであろうか。アモスは言う。

見よ、主なる神は罪に染まった王国に目を向け
これを地の面から絶たれる。
（アモ9・8）

イスラエル王国は罪に染まっているがゆえに、これを滅ぼすだろうという神の審判の預言である（八節後半の「ただしヤコブの家を全滅させはしない」の文は、注解者が言うとおり、前後関係から見て異質であり、後代の加筆であろう）。ここに表れている神のイスラエルに対する態度は、これを神の選民として無条件に愛し保護するというものではなく、イスラエルを他の諸国民と全く同様に支配し、導き、そのふるまいを厳正に判断し評価するという態

度である。神はイスラエルをペリシテ人やアラム人と同様に導き、かつ厳しく評価する。神はイスラエルの行動を検査するさいに、手心を加えたりはしない。神は偏り見ることなく、すべての国民を公平に扱うのである。

アモスがイスラエルとその周辺の諸国民を同等に厳しく判断していることは、彼が諸国民に対する神の審判を告げると同時に、イスラエルとユダに対しても裁きの言葉を語っている箇所からも明らかである。彼はアモス書第一章と第二章においてアラム（シリア）のイスラエル侵略と破壊、ガザ（ペリシテ）によるイスラエル人の奴隷化、ティルス（フェニキア人の都市国家）による奴隷化、アンモンによるイスラエルの侵略、モアブによるエドムの王の骨を焼くという冒瀆行為を挙げ、彼らに対する神の裁きを告げている。

主はこう言われる。
ダマスコ（シリア）の三つの罪、四つの罪のゆえに
わたしは決して赦さない。（アモ1・3）

次いで、ガザ（ペリシテ）、ティルス、アンモン、モアブの罪と裁きを告げている。（エ

ドムに対する裁きの預言（アモ1・11—12）は捕囚期後の事件を理由としていると思われるので、後代の加筆であろう。）

そしてアモスはこれらの国々に続いて、ユダとイスラエルの罪を糾弾しているのである。

主はこう言われる。
ユダの三つの罪、四つの罪のゆえに
わたしは決して赦さない。（アモ2・4）

主はこう言われる。
イスラエルの三つの罪、四つの罪のゆえに
わたしは決して赦さない。（アモ2・6）

このようにアモスにとって、神はイスラエルとユダの民の神であるばかりでなく、全世界の神である。これに対して、イスラエルの支配層が信じていた神はイスラエルの民を他の諸国民にもまして特別に愛し、守ってくれる神であった。アモスの信仰した神と支配層の理解した神との間には大きい隔たりがある。支配層が信じている神は、端的にいえば、イスラエルの民族神であり、イスラエル民族だけを保護する神である。この民族神が出エジプト以来、イスラエルの人々が抱いていた神理解であったといえよう。これに対して、イスラエルを支配する神が同時に全世界を導く神でもあるという理解がイスラエルの歴史に現れるのは、アモスにおいて初めてであるといえよう。このような「万国の国民の神」が旧約聖書においてほかに現れるのはイザヤ、ミカ、エレミヤなどにおいてであるが、彼らは皆、アモスの後の時期に属し、多かれ少なかれアモスの影響の下で活動したのである。したがってイスラエルの民は、イスラエルが諸国民の世界の中の一つの国にすぎず、それ以上のものではないこと、イスラエルは他の国々との間に共通の正義と公正の関係を作り上げなければならないことを、アモスの出現をとおして初めて知るのである。イスラエルの宗教・政治思想史において、アモスが自民族中心思想から脱却した最初の思想家であるといえよう。

近代日本は、明治憲法で定められていたように、「神聖にして侵すべからず」とされた天皇が統治する国家であった。日本はアジア近隣諸国を植民地支配し、さらに「大東亜共栄圏」の指導者としてアジア諸国を治めることが「神国」日本の使命であると国民に説き、中国をはじめとする国々に対して侵略戦争を行なった。敗戦によって、日本は平和主義の憲法へと転換したが、戦後の歴代政権はしばしば日本の先の侵略戦争の事実を否認し、戦没者を神として祀る靖国神社に参拝し、アジア諸国民の抗議を招いた。国際社会では政治道徳は普遍的なものであり、いかなる国も他国に対して対等な関係に立つという原則（日本国憲法前文）に反する発言と行動が現在もなお首相や閣僚によって行われている。アモスの厳しい言葉は現代の日本にも向けられているといえよう。

## 6　神殿と祭儀に対する批判

本稿の第一節において、イスラエルの民の、肥沃なカナンの土地への定着についてのべた。定着以前は、彼らの神は砂漠・荒野で民を導く神であったが、定着後は農耕生活にともなう収穫の恵みや干ばつ・病虫害などの艱難の中で神に祈願と感謝を捧げる必要が生じた。農耕生活にふさわしい神礼拝はすでに先住民が古来の慣習として行っており、バアル、アナテ、アシタロテなどの豊穣の神々を丘の上や樹の下の聖所で礼拝していた。イスラエルの代々の王たちと民は先住民との交流や婚姻関係をとおして次第に異教の農耕祭儀を取りいれるようになった。そのため、すでに触れた預言者エリヤの場合のように、イスラエルの伝統的な神信仰を純粋に維持することを主張する預言者たちと王との間でしばしば対立が生ずることになった。

しかし他方で、以下に見るように、前八世紀以後編纂されたモーセ五書と律法においては、農耕生活は受容され、それにともなうイスラエルの神にささげる農耕祭儀と民の農耕生活の倫理の教えが含まれており、そのような新たな形の祭儀と宗教生活が普及していた。

本稿の第三節において、当時のイスラエルの聖所が売春や飲酒が行われる場所となっていたことに触れた。当時の神礼拝と祭儀が行われる神殿がアモスの目にどう映ったかをより詳しく見よう。当時のイスラエルには、三つの町に聖所（神殿）があった。ベテル、ギルガル、ダンの聖所である。彼は人々が聖所に参拝する様子を次のようにのべている。

4 ベテルに行って罪を犯し
ギルガルに行って罪を重ねよ。
朝ごとにいけにえを携え
三日目には十分の一税を納めるがよい。

5 感謝の献げ物に酵母を入れたパンを焼け。
大声で、随意の献げ物をする、と触れ回れ。
イスラエルの人々よ
それがお前たちの好んでいることだと
主なる神は言われる。
（アモ4・4―5）

ここで「朝ごとにいけにえを携え」とあるが、律法で命じている犠牲は年に三回までであり（申命記16・16）、毎日捧げるのは明らかに多すぎる。しかしアモスの神は、毎日犠牲を捧げよという。また「三日目には十分の一税を納めよ」というが、律法は三年毎に十分の一税を納めよと規定している（申命記14・28）から、神がここで命じている「三日目」は極端に多すぎる。アモスの神は「感謝の献げ物に酵母を入れたパンを焼」けというが、律法は酵母を入れないパンを献げよと命じている（レビ記2・11）。酵母を入れれば風味が良くなるから、律法の命令する以上の美味しいパンを献げることによって、敬虔の念の篤さを示せと、アモスは皮肉っているのである。「随意の献げ物をする」というのも、律法の命令の範囲を超えて、自発的に、進んで献げるという意味である。その敬虔な行為を

「大声で」「触れ回れ」というのも、献げ物をこれみよがしに他人にひけらかして献げる行為に対するアモスの皮肉の言葉である。「それがお前たちの好んでいることだ」という言葉に表れているように、信者が神殿で献げ物をする行為が内心の信仰にもとづくというよりは、他人に見せようとするわざとらしさを、アモスは逆説的にあばき、攻撃しているのである。彼は多くの信者の神殿におけるふるまいが単に型にはまった形式と化し、偽善的なものに堕しているさまを鋭くえぐり出している。

アモスが一般の信者に向かって、ベテルやギルガルの神殿に行って「罪を重ねるがいい」というのは信者に対する皮肉を表しているだけでなく、神殿の中で祭儀を執り行っている祭司たちへの批判も含んでいるであろう。それがいっそう明白に表れているのが次の言葉である。

21 わたしはお前たちの祭りを憎み、退ける。
祭りの献げ物の香りも喜ばない。
22 たとえ、焼き尽くす献げ物をわたしにささげても
穀物の献げ物をささげても

わたしは受け入れず
肥えた動物の献げ物も顧みない。
23 お前たちの騒がしい歌をわたしから遠ざけよ。
竪琴の音もわたしは聞かない。
24 正義を洪水のように
恵みの業を大河のように
尽きることなく流れさせよ。
（アモ5・21—24）

ここでは祭りが取り上げられる。イスラエルの祭りとして、次の三大祝祭日があった。まず除酵祭（過越祭）。イスラエルの民がエジプトから脱出したときのことを記念して、旅の間、酵母を入れない味気ないパンを食べなければならなかった苦労を記念する目的で設けられたとされる。三月と四月のうちの七日間行われた（申命記16・1—8）。第二に、七週祭。秋の刈り入れの初日から七週間、刈り入れを感謝して行われる祭り（申命記16・9—12）。第三に、仮庵（かりいお）祭。収穫を感謝して、収穫と打穀の後の七日間、畑の傍または聖所の傍で行われた（申命記16・13—15。「仮庵」の名は、この祭りが元来、畑の傍の仮の小屋で行われたことによる）。

「わたし」は神を指す。神は祭司たちによる祭儀を喜ばず、憎むという。肥えた牛や羊を焼き尽くして好ましい香りを放つ献げ物を祭壇に献げても、神は受け入れない。祭儀の間、奏でられる竪琴の音も、歌われる歌も、神は聞かないという。なぜ、神は祭司たちの祭りを忌み嫌うのだろうか。それは、国の中に「正義」と「恵みの業」が見られないからだと、アモスは言う。正義とは何か。それは人々が日々の生活において誠実な労働が報われ、誰もがほどほどの生活を安心して送れることである。一部の人が働かずに他人の労働のおかげで裕福で贅沢な生活を楽しむなどということがない、公正な社会のことである。また、国の政治を決定している指導的立場の人々が法を正しく執行することであり、また不正と不法があれば、それを正す司法の職にある人がその職責をきちんと果たすことである。「恵みの業」とは何か。それは思いやりのある行為である。貧しい人、弱い人、身寄りのない人、困窮している人を助けること、彼らが必要としているものを分かち与えることである。レビ記には次のような律法が見られる。

穀物を収穫するときは、畑の隅まで刈り尽くしてはならない。収穫後の落ち穂を拾い集めてはならない。ぶどうも、摘み尽くしてはならない。ぶどう畑の落ちた実を拾い集めてはならない。これらは貧しい者や寄留者のために残しておかねばならない。わたしはあなたたちの神である。
（レビ記19・9―10）

復讐してはならない。民の人々に恨みを抱いてはならない。自分自身を愛するように隣人を愛しなさい。わたしは主である。
（同18節）

アモスはこれらの教えも「恵みの業」の中に含めていたであろう。しかし、すでに本稿の第三節、第四節、第五節で見たように、この国には正義も恵みの業もほとんど見られないではないか。国王と宮廷に集う支配者たち、裁判人、大地主、商人、金貸しなどのふるまいを見れば、そこに正義も恵みの業も認めることはできない。

しかし、正義と恵みの業が神殿の祭とどんな関わりがあるのだろうか。それを知るために、先に触れた七週祭に関する律法の言葉を見よう。

10 そして、あなたの神、主のために七週祭を行い、あなたの神、主より受けた祝福

に応じて、十分に、あなたがささげうるだけの収穫の献げ物をしなさい。11 こうして
あなたは、あなたの神、主の御前で、すなわちあなたの神、主がその名を置くために
選ばれる場所で、息子、娘、男女の奴隷、町にいるレビ人、また、あなたのもとにい
る寄留者、孤児、寡婦などと共に喜び祝いなさい。12 あなたがエジプトで奴隷であっ
たことを思い起こし、これらの掟を忠実に守りなさい。（申命記16・10―12）

すでにのべたように、七週祭は収穫を神に感謝する祝祭の儀式である。収穫の献げ物をした後、それを下げて、調えられたご馳走を祭りに参加した人々全員で共に食し、祝うのである。祭りの参加者として挙げられている息子、娘、奴隷、レビ人、寄留者、孤児、寡婦に注目したい。農家の主《あるじ》の息子、娘と並んで、奴隷、レビ人（その地に在留している下級の祭儀奉仕者）、寄留者（在留他国人）、孤児、寡婦も参加させよという命令は、普通の安定した生活を送っている地元の家族だけが集まって祝うのではなく、その地に暮らす身寄りのない人、地元に生活の基盤を持っていない貧しい人をも加えて共に収穫を祝い、飲み食いし、楽しみなさいという勧めである。これは貧富の差、国籍の違いを超えたすべての人に生活の確保と生活の喜びを与える「正義」の行為であり、困窮者への「恵みの業」であ

ろう。このように住民のすべてを含めて共に祝うことの命令は仮庵祭に関する律法にも記されている（申命記16・14）。したがって、祭りのときは正義と恵みの業を行うべき重要な機会なのである。ところが、聖所の祭司たちはそのような正義と恵みの業の掟を忘れ、それを実行していない。神が祭を憎み、献げ物を喜ばないのは、祭司たちが神の祝福たる収穫物を献げ物として収納しながら、貧しい者や身寄りのない人たちと分かち合わないからである。彼らはただ祭儀を形式上執り行うだけで、祭りの精神である正義と弱者への慈悲をおろそかにしている。

それればかりではない。祭司たちは国王とも親しい関係にあり、第四節と第五節で見たような王の驕りと奢侈のふるまいに厳しく諫言することもなく、それを黙認している。またアモスが国政の最高責任者である王に対して厳しい預言を語ると、それを聞いた祭司アマツヤは直ちに王に通報した。そしてベテルの神殿の前でアモスにこういった。

先見者よ、行け。ユダの国へ逃れ、そこで糧を得よ。そこで預言するがよい。だが、ベテルでは二度と預言するな。ここは王の聖所、王国の神殿だから。

（アモ7・12―13）

アマツヤは王と祭司を批判する人間を許すことができず、アモスに、ベテルの神殿の周辺では預言するなという。その理由として、ベテルの神殿が「王の聖所、王国の神殿」だからだという。アマツヤは神殿とそこで行われる祭儀の現状を正直にずばりと言い当てたといえる。つまり、彼の理解によれば、神殿と祭儀は王が行う政治に奉仕するために存在する。祭司も祭儀も王の政治を宗教的次元において支持し、祝福するという役割を担っているのであり、国王の政治やふるまいを批判または反対してはならないのである。

しかしアマツヤのこのような祭司職の理解では、時の政治指導者の行う政治を独立した立場から批判する精神的権威が国のどこにも存在しないことにならないだろうか。もし神殿の祭儀が王の政治を是認し、正当化し、神聖化するだけの国立施設の職務にすぎないとすれば、この国の政治が誤った方向へ進む場合に、これを精神的に、または倫理的に正す人間がどこにもいないことになるであろう。たとえ王にとって耳が痛いことであっても遠慮なく忠告する精神的に独立した人間が周辺にいることが、王自身にとっても深い意味においで望ましいのではないであろうか。さらに、もしアマツヤがアモスのような、誰にも従属しない言論活動をする預言者を煙たい存在として排除するとすれば、それは政治にとっても精神的権威としての神殿にとっても、不幸な事態といわねばならないであろう。ともあれ、祭司アマツヤはアモスのような、国の現状に批判的な言葉を語る者に対して王と共に敵対的な態度を取っている。

アモスの神殿批判をさらに聞こう。彼は、神の言葉が語られるはずの聖所で、それを聞くことができないという。

11 見よ、その日が来ればと
主なる神は言われる。
わたしは大地に飢えを送る。
それはパンに飢えることでもなく
水に渇くことでもなく
主の言葉を聞くことのできぬ飢えと渇きだ。
12 人々は海から海へと巡り
北から東へとよろめき歩いて
主の言葉を探し求めるが

見いだすことはできない。（アモ8・11―12）

サマリアの罪にかけて誓う者ども
「ダンよ、お前の神は生きている。
ベエル・シェバよ
お前の愛する者は生きている」と言う者どもは
倒れて再び立ち上がることはない。（アモ8・14）

アモスにとって、たとえ国の政治や社会が乱れ、神が忘れ去られようとも、神殿においてだけは神の言葉が語られ、聞くことができる最後の望みであった。しかし彼はその望みが断たれたと感じたのである。ダンと南王国ユダの町ベエル・シェバにある聖所を信頼し、聖所を根拠として神の現存と働きを信じている貧しい信者たちも、その信頼を裏切られて倒れるだろうという。アモスは聖所を「サマリアの罪」とすら呼んでいる。それほど彼の聖所に対する失望が大きかったのだといえよう。アモスが一介の農夫にすぎないにもかかわらず、自分が神の言葉を預言しなければならないと思い立ったのは、彼の神殿に対する失望が大きい要因として働いたからだと思われる。

宗教が国家権力に従属し奉仕するという体制は日本にもあった。神社・寺院は古来、民衆の農的な暮らしと生死における精神生活に密接にかかわっていた。少数の神社・寺院だけが国家の支配層と結びついていた。ところが近代以後、神社は国家によって統合されて国家神道の体制が形成された。とくに一九三〇—四〇年代の戦争期には戦意高揚と戦没者の慰霊の場として国家の戦争政策の重要な一翼を担った。大本教などの新興宗教や一部のキリスト者は、天皇制および国の戦争政策に反すると疑われた言論のゆえに弾圧・検挙された。国民の信教の自由が抑圧され、言論・表現の活動が封じられたのである。敗戦と日本国憲法の制定によって、ようやく実質上の信教の自由と政教分離の原則が確立した。しかし、それにもかかわらず、先にも触れたように、首相・閣僚の靖国神社参拝が現在の政権にいたるまで繰り返され、国家宗教の復活の兆候が見られる。こう見ると、現代日本の政治と宗教の関係はイスラエルの王ヤロブアムと祭司アマツヤの結託した体制と共通するものがある。

## 7　裁きとしての破壊と災厄の預言

以上に見てきたとおり、アモスはイスラエルの国のさまざまな分野において憂慮すべき状態を見出し、警告の言葉を語っている。そしてその警告は最後に、彼が聞いたと信ずる神の裁きの言葉となって発せられる。彼は言う。

13 お前たちはロ・ダバル（空虚）を喜び
「我々は自分の力で
カルナイムを手に入れたではないか」と言う。
14 しかし、イスラエルの家よ
わたしはお前たちに対して一つの国を興す。
彼らはレボ・ハマトからアラバの谷に至るまで
お前たちを圧迫すると
万軍の神なる主は言われる。

（アモ6・13―14）

「お前たち」とは「イスラエルの家」、すなわちイスラエルの民、とりわけその支配層を指す。ロ・ダバルはヨルダン東方の町、カルナイムはガリラヤ湖東方の町である。イスラエルがかつて征服によって獲得した地域である。イスラエルの支配者たちは自分たちの征服の成果と強大な武力を誇っているが、その慢心は、「ロ・ダバル」の語の意味が「空虚」を意味するのと同様に、空しい。国の中に公平と正義が失われ、慈悲の行為も見られず、不法と形式的な偽善だけがまかり通っている現状では、人々の貧困や苦しみを解決するためには、大きな武力などは無力である。アモスは、神が支配層を驕りと偽りの安心から目覚めさせるために、外国の軍勢が来襲することを予告する。「一つの国」とは、イスラエルの北方に存在する大国アッシリアであろう。「レボ・ハマトからアラバの谷に至るまで」とは、すでに第一節で触れたように、イスラエルの王ヤロブアム二世が周辺諸国を征服して拡大した領土全体を指している。敵国がイスラエルを攻め、その領土を残らず征服するだろう。そしてサマリアの王宮の城壁を倒すであろうという。

それゆえ、主なる神はこう言われる。

敵がこの地を囲み
お前の砦を倒し、城郭を略奪する。
（アモ3・11）

わたしは冬の家と夏の家を打ち壊す。
象牙の家は滅び、大邸宅も消え失せると
主は言われる。
（アモ3・15）

敵の軍勢は王宮を攻め落とし、さらに夏の避暑のための贅沢な離宮と冬の避寒のための豪華な離宮を破壊する。アモスはイスラエルの最期の日の幻を見た。

その日には、必ず
宮殿の歌い女は泣きわめくと
主なる神は言われる。
しかばねはおびただしく、
至るところに投げ捨てられる。

声を出すな。（アモ8・3）

かつては宮殿の広間での宴で、飲食と歓談を楽しむ聴衆の前で華やかに歌った歌姫は、突然の破壊行為と殺戮、そして累々と散乱している遺体を目の当たりにして、恐怖のあまり泣きわめくという。イスラエルの戦士たちの大部分が敵の攻撃の前に倒れた。

1 イスラエルの家よ、この言葉を聞け。
わたしがお前たちについて歌う悲しみの歌を。
2 「おとめイスラエルは倒れて
再び起き上がらず
地に捨てられて
助け起こす者はいない。」
3 まことに、主なる神はこう言われる。
「イスラエルの家では
千人の兵を出した町に、生き残るのは百人

百人の兵を出した町に、生き残るのは十人。」
（アモ5・1―3）

千人の兵士のうち九百人が、百人のうち九十人が敵の攻撃を受けて倒れるという。「わたし」とは、神であろう。神はイスラエルが倒れるのを見て、悲しみの歌を歌うという。神が悲しんでいるとアモスが言うとき、彼自身がイスラエルの民に対する神の裁きを悲しんでいるのであり、神と共に悲しんでいるのである。

アモスは敵の破壊行為が神殿にも及ぶという幻を見た。

1 わたしは祭壇の傍らに立っておられる主を見た。主は言われた。
「柱頭を打ち、敷石を揺り動かせ。
すべての者の頭上で砕け。
生き残った者は、わたしが剣で殺す。
かれらのうちに逃れうる者はいない。
逃れて、生き延びる者はひとりもない。
2 たとえ、彼らが陰府（よみ）に潜り込んでもわたしは、そこからこの手で引き出す。
たとえ天に上っても
わたしは、そこから引き下ろす。
3 たとえ、カルメルの頂（いただき）に身を隠しても
わたしは、そこから探し出して連れ出す。
たとえ、わたしの目を逃れて、海の底に隠れても
そこで、蛇に命じてかませる。
4 たとえ捕らわれ、敵の前に連れて行かれても
そこで、剣に命じて殺させる。
わたしは彼らの上に目を注ぐ。
それは災いのためであって
幸いのためではない。」
（アモ9・1―4）

カルメルとは、首都サマリアの北西方、地中海沿岸に近い山の名である。祭司と祭儀奉仕者が敵の追求を逃れてどこに隠れようとも、それは無駄だという。神の裁きは神殿と祭

司たちに対して手を緩めることはないというアモスの厳しい態度がうかがわれる。
アモスが語る神の裁きは外国の軍勢の来襲という形で行われるだけではない。天災という形で押し寄せてくることもあるという。まず、地震である。

13 見よ、わたしは麦束を満載した車が
わだちで地を裂くように
お前たちの足もとの地を裂く。
14 そのときは、素早い者も逃げ遅れ
強い者もその力を振るいえず
勇者も自分を救いえない。
15 弓を引く者も立っていられず
足の速い者も逃げおおせず
馬に乗る者も自分を救いえない。
16 勇者の中の雄々しい者も
その日には裸で逃げる、と主は言われる。

（アモ2・13―16）

地震が起こり、地が裂ける。旧約聖書は地震を創造者である神の偉大な能力の現れとして、また神が下す裁きまたは罰として理解していた。アモスもここで地震を裁きと捉えている。地が裂ける様子を「麦束を満載した車がわだちで地を裂くように」という比喩を用いているのはいかにも農夫アモスらしい。アモス書の編集者は一章一節で、アモスの預言が「あの地震の二年前」に行われたとのべている。もしそうだとすれば、この二章一三節の地震の預言は現実に起こったことになる（八章八節にも地震の預言が見られる）。

神の裁きはいなごの大群の襲来という形でやってくることもある。アモスは次のような幻を見た。

1 主なる神はこのようにわたしに示された。見よ、主は二番草の生え始めるころ、いなごを造られた。それは、王が刈り取った後に生える二番草であった。2 いなごが大地の青草を食べ尽くそうとしたので、わたしは言った。
「主なる神よ、どうぞ赦してください。
ヤコブはどうして立つことができるでしょう

彼は小さいものです。」
3 主はこれを思い直され
「このことは起こらない」と言われた。
（アモ7・1―3）

「二番草」とは、春の雨の後に生える牧草で、それより先に刈り取られた一番草は王家に納められる（おそらく王家の家畜の飼料用）。二番草は一般農家が自分たちの家畜の飼料として利用するものである。ところが、二番草の生える頃、いなごが大発生するという。自分たちの家畜のために刈り取ろうと期待していた牧草がいなごの大群によって食べ尽くされるならば、畜産農家は飼料が得られなくなり、恐怖を覚えるであろう。牛乳やチーズを得ることもできなくなれば、農家の食生活にも重大な影響が及ぶ。アモスはこのような災害は起こさないでほしいと神に願う。すると、神はアモスの願いを聞いて、思い直したという。この幻は何を意味するだろうか。アモスは、これまで見たように、イスラエルの社会にあまりにも多くの不法と不正義、贅沢と貧困がはびこっているのを眺め、このままでは神の厳しい審判が下されずにはすまないだろうという思いが彼の心から離れなかった。しかし他方で、もし神の裁きが本当に現実となれば、自分も含めて人々はどんな災厄に会

い、どれほどの苦しみに耐えなければならないかを想像するだけで恐怖にとりつかれたで
あろう。アモスの心の中で「裁きの災厄が来る」という思いと「裁きが来ないでほしい」
という気持ちが交錯し、互いに闘い、彼の心が激しく揺れ動いていたことが、このような
幻となって現れたのだと思われる。
神の裁きは日照り、または火事の形でもやってくる。アモスが見た幻の一つはこうであ
る。

4 主なる神はこのようにわたしに示された。見よ、主なる神は審判の火を呼ばれた。
火が大いなる淵をなめ尽くし、畑も焼き尽くそうとしたので、5 わたしは言った。
「主なる神よ、どうぞやめてください。
ヤコブはどうして立つことができるでしょう
彼は小さい者です。」
6 主はこれを思い直され、
「このことも起こらない」と主なる神は言われた。　（アモ7・4―6）

ここでいう「火」は火事とも、日照りとも理解できよう。「淵」は湖か池であろう。その水が干上がってしまうと、周囲の草や樹木、そこに生きている魚類、そこに水を飲みに来る鳥や動物たち、そして人間もその湖の恩恵を直接間接に受けているから、この渇水でたちまち生存の危機に陥るであろう。畑も焼き尽くされ、家畜が食べる作物や草を失うことになる。アモスは彼が見た幻の中で、このような恐ろしい裁きの火を送らないでくださいと神に懇願すると、神は彼の願いを聞き入れて、災害の裁きを思いとどまったという。彼は神の裁きがこのように天災の形で襲うかもしれないという啓示を示され、それを人々に語っているのである。

以上に見たように、アモスは神の裁きがさまざまな災厄の形でやってくると預言した。それゆえ、たしかに、本稿の第七節だけを見る限り、アモスの預言はあまりにも厳しい不幸と破局の言葉、あまりにも悲観的な内容のものだと感じられるかもしれない。しかし第三節以後の議論をたどるならば、彼のイスラエル社会の観察から彼の厳しい預言へと至る推移はむしろ自然の流れとして受けとめることができるのではないだろうか。

ひとは普通、災いを、敵国の来襲と破壊・殺戮であれ、自然災害による生命の危機であれ、ただ不幸な害悪と捉え、恐れ、そこから逃れたいと考えるのみで、それ以上にその意味を深く考えようとしない。しかしアモスはそうではない。彼は災いを神が人々に対して下す警告、叱責、そして裁きとして受けとめるべきものだと考える。彼はいう。

町に災いが起こったなら
それは主がなされたことではないか。（アモ３・６）

アモスは、国に何らかの災いが起こったら、その災いの直接または間接の原因として、現在の国の状態、政治や暮らしが、はたして平和のうちに営まれているか、不幸な人々が苦しんでいないか、人々が互いに仲良く助け合っているか、などを問い直し、自分たちの生活態度を省みなければならないと考えていた。彼はその災厄を自分たちの社会生活のあり方に対して反省を求める警告、不正や欺瞞、不平等や特権や差別などをきっぱりと改めることを要求するシグナルと捉える態度を人々に求めているように思う。

アモスがたんに厳しい裁きと恐ろしい災厄の言葉を語っているだけではなく、積極的な勧告ものべていることは、すでに第六節で触れた「正義を洪水のように、恵みの業を大河のように尽きることなく流れさせよ」という彼の言葉からも明らかであろう。彼は他の箇所でこういう。

善を求めよ、悪を求めるな
お前たちが生きることができるために。
そうすれば、お前たちが言うように
万軍の神なる主は
お前たちと共にいてくださるだろう。
（アモ5・14）

ここで言う「善」とは、正義と公正に適ったこと、助けを必要としている人に分かち合いの行為を行うことであり、「悪」とは、不法と欺瞞の行為、他人の財産を奪い、他人の生活に損害を与えることであろう。善を求め、悪の誘惑を避けるならば、神が共にいることを実感でき、信頼と安心を得ることができる。そうしてはじめて、真の意味で「生きる」ことができるというのである。

アモスが語った正義と恵みの業の要求と厳しい裁きの預言は、農村で牧羊と農作業によって質素な生活を送っていたアモスが都市に暮らす王、宮廷人、貴族（大土地所有者）らの支配、蓄財、奢侈なふるまいをどのような心で眺めていたかという観点から見なければ、十分に理解できないであろう。アモスの牧羊生活はカナン定着以前のイスラエルの半遊牧民としての生活と精神をある程度保持していたと思われる。すでに触れたように、砂漠と荒野での移動しながらの集団生活は厳しい規律を必要とする一方で、各氏族、各個人には独立した生活条件と対等な地位関係と自由が許されていた。移動する生活において、彼らが携行できる財産は必要最小限に制限しなければならず、簡素な生活は当然のことであり、贅沢と浪費の生活などはあり得なかった。それゆえまた、民の間での貧富の差は僅かでしかなかった。各個人は富の蓄積よりも集団内の平等と相互の助け合いを重視し、そのために自己の判断と規律によって行動することを求められた。そこにはかなりの自由が認められ、尊重されていたのである。このような生活態度と精神が、民のカナン定住後も一部の地方の人々に、またアモスにも脈々と伝えられていたのではないかと想像される。一方で、一部の勢力は政治権力の集中と土地所有の拡大を進めることによって、農村の人々の勤労の成果を横取りし、彼らの自由な生活を圧迫しつつ、自分たちの都市生活の快適な便益を享受していた。アモスは王国のこのような不公正な状態を観察し、黙視できず、預言という形で発言するにいたったと考えられる。彼はイスラエルの民が砂漠と荒野の半遊牧の生活に戻ることを求めたのではない。彼は牧畜のほかに農耕生活の意義を十分認め、みずからその労働に携わっていた。ただ彼は、都市文明の便利さと快適さが農民の労働の過重な犠牲の上に成り立ち、これに寄生している事実、政治権力が正当な限度を超えて専制的なものになっている事実を捉え、土地所有の不平等が人々の間に支配と従属の関係を生み出すゆえに不当であると痛感していた。彼は、人々が農耕と牧畜の生活において自分たちの労働と神の恵みとしての太陽、大地、水、大気との協働をとおして得られる産物を収穫し、神への感謝と喜びをすべての人たちと共に平等に分かち合うことを求めていたのである。

しかしアモスの大胆率直で激烈な預言は、イスラエルの支配層には、国の平和と安定を脅かし、人々を恐怖に陥れる言動、とうてい見過ごすことのできないふるまいと映ったであろう。だからこそ、すでに見たように、祭司アマツヤはアモスの預言を聞くや、直ちに国王に通報し、アモスに国の外に出て行くよう要求したのである。おそらくアモスは国外退去をよぎなくされたであろう。いずれにせよ、彼はこれ以後イスラエルでは預言活動を禁じられ、人々の視界から消されたのである。

しかし、アモスの周辺には彼の預言を聞いてその真実さに感銘を受けた少数の人々がいた。彼らはアモスの語った言葉を書きとどめ、それを保存し、編集した。そのおかげで、アモスの預言の言葉が後世に伝えられることになったのである。

## 8　エピローグ——捕囚期以後のユダヤの民の希望

すでにのべたように、前七五〇年頃にアモスが活動してわずか二十数年後の前七二二年、イスラエルはアッシリアによって征服され、滅亡した。イスラエルの支配層はアッシリアに捕囚として連れ去られた（列王記下17・6）。この点においても、アモスの預言が的中したのである。南王国ユダはその後も存続したが、前五八七年、バビロンによって滅ぼされ、ユダの民の多くが捕囚としてバビロンに連れ去られた。彼らがエルサレムへの帰還を許されるのは五〇年後の前五三七年である。

アモス書の最終章の一部分を取り上げてみよう。

11 その日には
わたしはダビデの倒れた仮庵を復興し
その破れを修復し、廃墟を復興して

昔の日のように建て直す。
……
13 見よ、その日が来れば、と主は言われる。
耕す者は、刈り入れる者に続き
ぶどうを踏む者は、種蒔く者に続く。
山々はぶどうの汁を滴らせ
すべての丘は溶けて流れる。
14 わたしは、わが民イスラエルの繁栄を回復する。
彼らは荒らされた町を建て直して住み
ぶどう畑を作って、ぶどう酒を飲み
園を造って、実りを食べる。

（アモ9・11、13―14）

注解書によれば、この部分は、内容および文体から見て、アモスの言葉ではなく、捕囚期または捕囚期後の執筆者による加筆であろうという。捕囚の後、帰国できたユダの民と離散していたイスラエルの民がエルサレムの地に一つの国を建て、昔日のダビデ王国の再興を果たそうという宣言が神の言葉として記されている。そこでは、かつてバビロンの軍勢によって破壊された町々を復興し、荒らされた畑を整備して穀物畑とし、丘陵地にはぶどうの樹を植えるであろう。人々は土地を耕し、種を蒔き、秋には刈り入れるだろう。ぶどう園ではぶどうの木々の手入れをし、秋の収穫の後、ぶどうを踏んで、ぶどうの汁をしぼる。こうして人々は神が恵んでくれた太陽の光、肥えた大地、空からの降雨のおかげで豊穣な実りを収穫し、穀物とぶどう酒を神に感謝する。勤勉で正直な労働と協同作業が神によって嘉せられ、豊作をもって祝福されたことを喜ぶのである。イスラエル・ユダの民は、かつては多くの罪を犯し、圧政、過酷な貢納の要求、偽りの商取引などによって弱い者を苦しめたので、国の滅亡という神の裁きを受けたけれども、その罰の服役も終わり、今や再出発のときが来た。今度こそ神の心に適う正義と恵みの業を実行し、互いに協力し、平和な国を作ろう――このような共同の意思がアモスの預言の最後に加えられたのである。それは彼らがアモスの厳しい裁きの預言の正しさと真実を、捕囚と離散をとおして身をもって体験したあとではじめて得た再生の希望であろう。アモスの預言とそこに含まれる生きる倫理と自国の歴史の教訓はこうして、世代を超えて受け継がれたのである。

# おわりに

二一世紀に生きる私たちにとって、アモスの預言はたんに遠い過去の出来事にすぎないと思われるかもしれない。しかし、もしアモスの眼に映った大地主を巨大な資本の支配力を誇る現代の大企業と読み換えるならば、どうだろう。もしアモスの捉えた王の強引な政治を現代の政府と読み換えれば、どう見えてくるだろうか。また大地主や王の力の下で苦しむ貧しい農民や弱者を現代の非正規労働者や、政府の貧困な福祉政策によって追い詰められている人々と結びつけて考えるならば、アモスの言葉は必ずしも現代社会と全く無縁とはいえないであろう。彼が求めた正義と恵みの業は現代においてもやはり実現には程遠い状態である。またこの預言活動をしたアモスが農夫であったことのもつ意味は重い。既述のように、農民は当時のイスラエル王国で都市文明の豊かさと快適さを享受していた支配層と対照的な位置に置かれていた。現代においても、農民はすべての人々の生活の糧を作り出し、社会の基礎を支えているにもかかわらず、それにふさわしい対価と社会的評価を受けていない。それどころか、彼らの存在は社会にとって余計な重荷とすら見なされているふしがある。この点においては、アモスの時代と現代の間で、事態はあまり変わっていないように思われる。表題に「農夫」の言葉をつけ加えたのは、筆者のそのような思いからである。アモスの言葉は現代の私たちに今もなお語りかけているのである。

参考文献

聖書テキストは新共同訳によった。

手塚儀一郎ほか編『旧約聖書略解』、日本基督教団出版局、一九七三年
木田献一監修『旧約聖書略解』、日本キリスト教団出版局、二〇〇一年
R・ハマー、H・マッキーティング著、深津容伸訳『ダニエル書・ホセア書・アモス書』、ケンブリッジ旧約聖書注解19、新教出版社、一九八一年
P・K・マッカーター・ジュニア他著、池田・有馬訳『最新・古代イスラエル史』、ミルトス、一九九三年
左近義慈・南部泰孝著『聖書時代の生活I』、創元社、一九八一年
関根正雄著『古代イスラエルの思想家』、講談社、一九八二年
木田献一著『古代イスラエルの預言者たち』、清水書院、二〇〇二年
『旧約新約聖書大事典』、教文館、一九八九年

# 3　イエスと農耕生活

イエスの生涯を伝えている福音書には、彼の活動とともにユダヤの風土がさまざまに描かれている。ヨルダン川、荒れ野、ガリラヤ湖、麦畑、山上の垂訓が語られた山、オリーブ山などである。イエスは首都エルサレムや他の町々でも活動したが、それに劣らず、ガリラヤ地方を中心として田舎をよく歩いている。イエスが生まれ育ったガリラヤのナザレは、丘の斜面にひっそり横たわる村里だそうである。貧しい大工の息子として育ったイエスは、父につき従って村々を歩いたであろう。ガリラヤの地理と風土は彼の生活する世界そのものであり、彼はこの風土に深い愛着を覚えていたにちがいない。イエスが福音書の中で語っている話の中にも、ユダヤの自然風土とそこで生きる人々の姿がしばしば出てくる。そのうちのいくつかを次にとりあげてみよう。

## 1　良い土地に播かれた種と不毛な地に播かれた種

[1]イエスは、再び湖のほとりで教え始められた。おびただしい群衆が、そばに集ま
って来た。そこで、イエスは舟に乗って腰を下ろし、湖の上におられたが、群衆は皆、
湖畔にいた。[2]イエスはたとえでいろいろと教えられ、その中で次のように言われた。
[3]「よく聞きなさい。種を蒔く人が種蒔きに出て行った。[4]蒔いている間に、ある種
は道端に落ち、鳥が食べてしまった。[5]ほかの種は石だらけで土の少ない所に落ち、
そこは土が浅いのですぐ芽を出した。[6]しかし、日が昇ると焼けて、根がないために
枯れてしまった。[7]ほかの種は茨が伸びて覆いふさいだので、実を結ばなかった。[8]
また、ほかの種は良い土地に落ち、芽生え、育って実を結び、あるものは三十倍、あ
るものは六十倍、あるものは百倍にもなった。」[9]そして、「聞く耳のある者は聞きな
さい」と言われた。

（マルコ福音書4章1―9節）

これは種まきのたとえ話としてよく知られている。この話がどのような意味を含んでいるかについては、右の話に続いて、イエス自身による説明が加えられている（13―20節）。

それによると、「種」は神の言葉、「種をまく人」は伝道者を意味し、「道端」「石だらけの所」「茨の地」「良い土地」は、キリスト信徒となった者がその後の人生で辿るかもしれない四種類の道を表しているのだという。しかしこの説明の記事はE・シュヴァイツァーや他の注解書もいうように、本当のイエスの言葉ではなく、後代（紀元後四〇年頃から六五年頃の間）のキリスト教団が自分たちのおかれた状況（ユダヤ教団やローマ帝国官憲からの迫害など）の中で新しく生みだして追加した解釈であろう。そこでこの13―20節は一応除外して、はじめに引用した1―9節だけを見ることにしよう。

道端、小石の多い土地、茨の生えた地に落ちた種（おそらく麦の種）は実を結ばなかった。だが、良い地に落ちた種は成長して実を結んだ。このように実を結んだ場合と結ばなかった場合とがはっきり対比されている。しかし、何のためにそのように対比されるのだろうか。従来は13―20節の説明に従って、それが神の言葉を聞いてそれを固く保持する人間と、間もなくそれを放棄してしまう人間との相違を表していると考えられてきたのだが、もしもイエスの真意がそうではないとすれば、右の対比はどう理解すべきだろうか。

私の推測では、イエスの時代に、道端、石ころの多い土地、茨の生えやすい土地にさえも種をまいていた農民が実際に少なからずいたのではないかと思われる。ガリラヤ地方には、小石や茨のために耕作に不向きな土地もあったが、肥沃な土地も広く存在していたという。だが肥沃な土地の多くは少数の大地主が所有し、大部分の農民は僅かな土地、しかもあまり良好でない土地を耕作して細々と暮らしていたのである。これら零細農民が自分たちの生活維持のために自分の耕作地を少しでも拡張して収穫を増したいと考え、本来誰も見向きもしないような不毛な土地にも種をまいたとしても、不思議ではないだろう。イエスは、貧しい農民が小石の多い土地や茨の生えそうな土地にさえもあえて種をまいているのを、実際に見ていたのだと思われる。しかし農夫のかすかな期待にもかかわらず、まかれた種はやはり実を結ぶにいたらなかった。土地を根気よく耕し、畑に水を引き、茨を刈り取った努力も、甲斐がなかった。額に汗して働いた労苦が報われなかったときの、農民の言いようのない気持ち、またそのため明日食べるものの心配をしなければならないほどの彼らの生活状態。イエスは語りながら、このことに思いをいたしたであろう。また聴いている人々の大部分はまさにこのような不毛な土地に種をまいた経験のある貧しい農民であったろう。語るイエスと聴く群衆は、実を結ばなかった種の話を通して、労多くして実りの少ない自分たちの仕事と暮らしのしんどさを共感し合ったのではないだろうか。

最後に、良い土地にまかれた種のことが語られる。ここに播かれた種は芽生え、生長して実を結び、数十倍の量になるという。イエスのこの言葉を聴いた農民たちは、自分たちが何度か味わったことのある収穫の喜びを思い出したであろう。自分の所有地を全く失ってしまった日雇い労働者や債務奴隷を除けば、当時の大部分の農民はわずかながらも自己の所有地をもっていたからである。彼らの土地所有が少ないからこそ、また彼らが不毛な土地をどんなに精を出して耕し、手入れをしても無駄だったことを身に染みて知っているからこそ、自分の（僅かではあっても）良質の所有地で麦が実るのを見ることの驚きと喜びは格別大きいにちがいない。その喜びは種が六十倍、百倍に増えるからだけではない。「芽生え、成長して実を結ぶ」という過程の中のひとつひとつの新しい変化が、それを見守る農夫にとっては心躍るような喜びなのである。イエスは、農夫がはじめに抱いていた心配が段々喜びに変わっていく様子を思い浮かべながら語っていると思われる。彼はたんに麦の種と土地の話をしているのではない。麦と土を相手に働いている農民の苦労、不安、失望、疲労、安堵、喜びをも語っているのだ。種と土と作物は農民の生活そのものである。イエスはマルコの言うように「たとえ話」をしているのではない。麦と種と土をたんなる比喩として使うことによって、ある別の内容（たとえば信徒が迫害に抗して信仰を保持し、その結果、信徒数が増すこと）をのべているのではない。イエスは右の話の中にどんな特別の道徳的教訓も込めてはいない。彼はただ、集まってきた民衆とともに、日々の生活を重く引きずりながら生きる悲しみと、その中で時折味わう喜びを想い起こし、共感しているのである。

## 2　神の国は天地の恵みと人の勤労の中にある

つぎに、右の記事に似たもう一つの話を見よう。

26 またイエスは言われた。「神の国は次のようなものである。人が土に種を蒔いて、
27 夜昼、寝起きしているうちに、種は芽を出して成長するが、どうしてそうなるのか、その人は知らない。28 土はひとりでに実を結ばせるのであり、まず茎、次に穂、そしてその穂には豊かな実ができる。29 実が熟すと、早速、鎌を入れる。収穫の時が来たからである。」

（マルコ福音書4章26―29節）

ここでも、種まきから実りの時までのことが語られている。しかし先の記事にはなかっ

た新しい事柄もいくつかある。まず、農夫が土に種をまく。これは農夫の仕事である。しかし、種をまいた後は、彼は種の成長のためにほとんど何もすることができない。「夜昼、寝起きしているうちに」とは、農夫がただ時の経つのを待つだけであることを表わしている。もちろん、農夫が全く何もしないわけではない。畑に水分を欠かさない、雑草は取り除くなどの世話はしなければならないだろう。しかしそれは発芽と成長のためのいわば補助的な仕事にすぎない。種が土、水、太陽の熱と光を受けて発芽し成長することじたいは、人間の能力を離れたところで起こるのである。「土はひとりでに実を結ばせる」。人間の能力を超えたところで、大地を中心とする自然の力が実りをもたらすのである。

それゆえまた農夫（あるいは広く人間）は、どうして種が芽を出して成長するのか「知らない」。それは生命を生み出す大自然の神秘的な働きとしか名づけようがない。

そして最後に、麦の穂が十分実ったとき、農夫は鎌で刈り取り、収穫する。したがって、農夫が農産物を収穫するためにできる主なことは、種まきと刈り入れの労働だけということになる。穀物を実らせる力は大部分自然から来るのであって、それに比べれば、人間の労働の果たす役割はちっぽけなものにすぎないことを、イエスはのべているようである。

イエスのこのような言葉は、現代の農業から見れば、時代遅れなのだろうか。化学肥料や農薬の大量使用、石油を使用した温室栽培、太陽の代わりに電光を当てて野菜を速く実らせる技術。そのお蔭で、冬でもトマト、キューリ、ピーマンが食べられる便利さ。このような農業技術を駆使する現代の人間は植物の成長の秘密を知り尽くしたのだろうか。そうではないだろう。農薬が米や野菜を汚染し、化学肥料が土壌を変質させているといわれるではないか。「石油漬け」とまでいわれる農産物がはたして本物なのだろうか。また人間の健康な食べ物といえるのだろうか。やはり、有機的な土壌と太陽と季節の推移が織りなして、そこで生長する穀物や野菜によって生きるのが人間らしい生活ではないだろうか。

ところで、イエスは先の引用の最初に「神の国が次のようなものである」とのべていた。いったい、麦の成長と神の国とはどのような関係にあるのだろうか。いくつかの注解書によれば、神の国は麦の成長・結実のように確実に到来するのであり、その到来は人間たちの努力の如何に左右されるものではないという意味だという。しかし、そもそも「神の国」とは何だろうか。敬虔なキリスト信徒が死後に迎え入れられるという彼岸の天国のことだろうか。それとも、この世の終わりにキリストが再臨して支配するといわれる新しい世のことだろうか。

私はこの記事を先の記事（4章3―9節）と同じく、たとえ話としてではなく、字義通りに理解したい。すなわちイエスのいう「神の国」とは、この農夫が麦を栽培し収穫して暮らしているような農耕生活そのものをいうのではないか、と。農夫は種まきや灌漑や刈り入れなど、自分に可能なかぎりの手を尽くすけれども、この農業労働も種、土、水、太陽の光と熱など自然の与えてくれる諸要素の不思議な働きに比べれば取るに足りない。農民は大自然の恵みを溢れるほど受け、その恵みの果実である穀物によって生活している。この収穫の喜びと感謝は、この自然を創造し働かしめている（と信じられていた）神に向けられる。4章26―29の記事から理解する限り、「神の国」とは、農耕労働にいそしみつつ、自然の恩恵に信頼し守られて生きる人々の生活そのもののことではないかと思われる。

したがって、「神の国」は死後に、またはこの世の終わりに備えられているものではなく、現在、この現世に存在しうるものである。それはまた、何か目に見えない、精神的・知的な世界の存在ではなく、世俗の世界にある。それは、肉体をそなえた人間が自然の中で労働しつつ、衣食住の生活を営んでいる世界の中にある。

## 3　重税にあえぐ民衆に与えられる天地の恵み

最後に、イエスの言葉をもう一個所、見ておきたい。

**マタイ福音書6章25―34節**

25「だから、言っておく。自分の命のことで何を食べようか何を飲もうかと、また
自分の体のことで何を着ようかと思い悩むな。命は食べ物よりも大切であり、体は衣
服よりも大切ではないか。26空の鳥をよく見なさい。種も蒔かず、刈り入れもせず、
倉に納めもしない。だが、あなたがたの天の父は鳥を養ってくださる。あなたがたは、
鳥よりも価値あるものではないか。27あなたがたのうちだれが、思い悩んだからとい
って、寿命をわずかでも延ばすことができようか。28なぜ、衣服のことで思い悩むの
か。野の花がどのように育つのか、注意して見なさい。働きもせず、紡ぎもしない。
29しかし、言っておく。栄華を極めたソロモンでさえ、この花の一つほどにも着飾っ
てはいなかった。30今日は生えていて、明日は炉に投げ込まれる野の草でさえ、神は

このように装ってくださる。ましてや、あなたがたにはなおさらのことではないか、信仰の薄い者たちよ。31 だから、『何を食べようか』『何を飲もうか』と言って、思い悩むな。32 それはみな、異邦人が切に求めているものだ。あなたがたの天の父は、これらのものがみなあなたがたに必要なことをご存じである。33 何よりもまず、神の国と神の義を求めなさい。そうすれば、これらのものはみな加えて与えられる。34 だから、明日のことまで思い悩むな。明日のことは明日みずからが思い悩む。その日の苦労は、その日だけで十分である。

この記事は有名な山上の垂訓の一部である。イエスはここで、食物や衣服のことで思い悩むな、と語りかけている。これは、弟子たちや多くの民衆が現実に衣食のことで思い悩んでいる状況の中で語られたのだろう。当時のユダヤには少数の大土地所有者と大多数の零細農民が存在していたことは、さきにのべた。農民が長い労働の末に作り出した麦、オリーブ油、食肉、なつめやしの実などは、富裕な商人が安い価格で買い叩き、ローマ帝国の諸都市へ運び去っていく。

その上、ユダヤ人は二重の重い税金に苦しんでいた。一つはユダヤ教の律法で命じられていた十分の一税である。あらゆる種類の農産物、家畜、鶏卵にいたるまで、その十分の一を祭司に納めねばならない。もう一つは、ローマ帝国がユダヤを一属州として併合して以来、帝国支配者が課した税である。すなわち、すべての生産者は産物の二〇ないし二五％という高率の納税を義務づけられた。また間接税として、橋、市場、町の門などでも徴収された。

これだけ重い税を搾り取られれば、民衆の大部分が衣食にも事欠くほど貧乏になったのも当然であろう。福音書の中には貧しい人々、乞食、また貧しいがゆえに病気になり、立ち直れない人々が多く描かれている。貧しさのために盗みを働いた者、借金がふえて返済できなくなった者は奴隷として売買されたという。

イエスはこのような民衆の貧しい生活をよく知っていたはずである。だのに、なぜ「思い悩むな」などというのだろうか。

イエスは聴衆を空の鳥や野の花と比較する。鳥も花も、人間のように労働はしない。だのに、鳥は毎日元気に空を飛び、花は野に生えて美しく咲いている。それは、この大自然を創った神が鳥に餌を備えて養い、花に養分を与えて美しく装わせたからである。では、人間はどうだろうか。人間もまた鳥や花とともに、神によって創られたのではないか。そればかりか、あなたたちは毎日精を出して働いている。あなたたちは勤労するがゆえに、鳥や花よりも「はるかに価値があるもの」だ。ましてや、みずから働きもせずに民衆から搾り取った税金で豪勢な暮らしをしている王侯や祭司たちよりも、どんなに優れていることだろう。しかし他方、まじめに働いてその労働の産物で暮らしている者は、とかく、その産物が自分の労働だけで生産されたかのように思いがちである。そこから、自分ははたして今度はうまく収穫できるだろうか、自分の家族の衣食は足りるだろうか、という心配が生じてくる。しかし、その心配は、神の創造物たる大自然の中ではまことにちっぽけな存在にすぎない人間の、分不相応な、思いあがった悩みなのだ。人間の身体と生命は、神の創った自然の恵みを通してきっと守られるであろう。思い悩むことなく、大自然のもたらす恩恵に信頼しなさい――。

イエスはここで「何よりもまず、神の国と神の義を求めなさい」と語る。キリストの死後に形成された、「神の国」に関するさまざまな教義にとらわれずに、この前後の文脈の中で理解するならば、「神の国」とは、人間をも含めたあらゆる生き物を生かしめている（神の創造物としての）自然全体の営みではないだろうか。またその自然の中で勤労し（蒔く、刈る、倉に納める、紡ぐ）、神と自然の恵みに信頼し感謝して生きる人間たちの世界ではないだろうか。

「神の義」とは何か。この語を当時のユダヤ教の律法に即して捉えてはならないだろう。しかしまた、パウロがロマ書で展開した「義」の思想をここに持ち込むのも適切ではないであろう。むしろ、この語を理解するヒントはこの同じ山上の垂訓の中の次の一節にあるのではないかと思われる。すなわち、

「父は悪人にも善人にも太陽を昇らせ、正しい者にも正しくない者にも雨を降らせてくださるからである」（マタイ5章45節）

という言葉である。「義」と「正しい者」は新約のギリシャ語では同じ語源の単語なのである。当時のユダヤ社会では、その律法に従って善と悪、正と不正が区別されていた。それはどの国、どの時代でも、各々の法や慣習によってそのような区別が設けられているのと同様であろう。だがイエスによれば、天の父、つまり神は、人間たちの作ったそのような「義」と「不義」の区別を無視し、両者に等しく太陽の光と熱および雨水を与えているのだという。これこそ、律法の義あるいは人間の義を超えた「神の義」ではないだろうか。

こう見てくると、イエスはずいぶんのんびりした、おめでたい人間のように見えるかもしれない。彼はただののどかな自然と牧歌的な農村風景を思い描いて、それを賛美しているだけだと思われるかもしれない。

だが、そうではない。イエスはガリラヤの民衆の貧困をよく知っていた。またその貧困がどこから生まれるのかをも知っていた。すでに見たように、ローマ帝国権力による重い課税、総督による圧政、ユダヤの貴族・大地主による土地所有の集中、ユダヤ国王の暴政、祭司階級による宗教税と煩瑣な律法による民衆生活の束縛。このような状況下で、イエスの生まれる少し前から、ユダヤ、とくにガリラヤで民衆の暴動がしばしば起きていた。暴動はローマの圧政に対しても、またユダヤの支配者に対しても向けられていた。

イエスの言葉と活動は直接、支配層を攻撃するものではない。むしろ彼が病気、貧困、差別などに苦しむ人々を助けようとしたことが、律法を破り秩序を破壊することとしてにらまれ、その結果、彼が逮捕・処刑されるという経緯を辿るのである。このような重苦しい状況の中で、イエスは時折、自分たち民衆の望んでいる生活はどのようなものだろうか、と思い巡らしたのであろう。彼はそれを「神の国」という言葉にこめて語ったのだと思われる。「神の国」は、権力者や金持ちがぜいたくな生活をしている都市文明（「栄華を極めたソロモン王」に象徴される）ではない。彼らはみずからは働かず、他人の労働の産物を横取りし、寄生しているだけだ。「神の国」はむしろ、だれもが神の恵みである自然（太陽、水、土地など）を等しく利用でき労働する世界、だれも政治権力や広大な土地の占有や宗教的な律法によって互いに支配し合わない世界、各自が自分の勤労の産物を神と自然からの賜物として享受し生きる世界である。

## 4　現代の商工業・金融業の支配に抵抗する農林水産業の民衆

このようなイエスの抱いたヴィジョンは、現代の私たちに何を語りかけているだろうか。人間は、イエスの時代でも現代でも、労働を通して自然環境から産物を獲得し、それを享受して生きていることに変わりはない。どんなに科学や工業技術が発達しても、人間はやはり米麦、野菜、魚・肉などを食べて生きているのである。そうだとすれば、現代の社会でも、人間の最も基本的な営みは農業（また同じく自然に密着した生業としての林業・漁業）であろう。工業、商業、サービス業、また政治も、それぞれ必要ではあるが、しかしこれらはすべて農林水産業のいわば周辺に位置してこれを助ける役割にとどまるべきものではないだろうか。しかるに現代では商工業や金融業の大企業が経済権力を握り、政治もそれに引きずられている状態である。政界・財界のお偉方は、商工業さえ発展すれば、国内の農林水産業など消えても、国の富と福祉は増大するのだ、とひそかに考えているのではないか。現代の商工業の発展と地域開発は農民から土地を、漁民から海を奪い、彼らを根のない雇用労働者に変えてしまう。その上、海や川、土地や大気を汚染しつつある。たしかに、商工業の発展のおかげで、私たちは豊かな消費生活を楽しんでいるのだから、あまり偉そうなことはいえない。しかし、「このままでいいのかな」という不安とうしろめたい気持ちは、私たちのだれの心の底にもあるのではないだろうか。工業開発が行われる度ごとに、農漁民の数が減っていき、土地や海が汚染されて、二度と農業、漁業の可能な自然環境に戻らないとしたら、私たちの生活はどうなるのだろうか。

鹿児島県と宮崎県の志布志湾に「新大隅開発計画」という名の石油備蓄基地建設計画が進んでいる。[1] 地元の漁民・住民はこれに対して反対運動を続けている。昨年春(一九八〇年)、私はあるグループに加わって志布志を訪ね、この住民運動をしている人たちと交流する機会に恵まれた。五十代、六十代のおじさん、おばさんたちが私たちのために土地の伝統芸能・踊りを見せて下さったが、私たちはそのリズムと熱気とエネルギーに圧倒された。この人たちは昔ながらの志布志の海、そこで漁を生業とする生活、その生活の中から生まれ受け継がれてきた文化・芸能をいつまでも守っていきたいと願っているのだ。彼らは開発計画に反対する気持ちを「スモッグの下でのビフテキより、青空の下で梅干しのおにぎりを食べたい」という言葉に表わしている。志布志湾は、そこに生きている魚介類の豊富なことで知られているという。あじ、さば、うるめいわし、まいわし、うに、ぶり、しらす、たい、車えび、とびうお、はまち、はも、しらすうなぎ、などなど……。

イエスは土と太陽の下で種が成長し実を結ぶという自然の静かな営み、その自然に順応する人間の労働に、希望を見出していた。イエスの精神は志布志で運動している人たち、また各地でねばり強く続けられている同様な住民運動の人々の心に生きているのではないだろうか。（一九八一年四月記す）

（1）この基地建設は一九九二—九三年に完成した。

参考文献

聖書本文は新共同訳（一九八八）に直した。
ダニエル・ロプス（一九六四―六五）『イエス時代の日常生活』Ⅰ〜Ⅲ、波木居訳、山本書店
E・シュヴァイツァー『マルコによる福音書』、高橋訳、NTD新約聖書注解刊行会
同上『マタイによる福音書』、佐竹訳、同刊行会
山谷・高柳・小川編（一九七二）『増訂新版　新約聖書略解』、日本基督教団出版局
弓削達（一九七四）『ローマ帝国とキリスト教』、河出書房新社
E. Lohse（1971）Umwelt des Neuen Testaments, Göttingen

# 4　ヨハネ福音書における農業

## 1　ヨハネ福音書の特色

ヨハネ福音書は新約聖書の四番目の福音書である。すなわち、マタイ福音書、マルコ福音書、ルカ福音書に次ぐ福音書である。福音書とは、イエス・キリストの生涯と語った言葉を伝える文書である。最初の三福音書は共観福音書と呼ばれ、共通する記事が多いのに対して、ヨハネ福音書はやはりイエス・キリストの生涯と言葉をのべているが、前三者と異なる要素を多く含んでいる。たとえば、「はじめに言（ことば）があった。言は神と共にあった。言は神であった」（ヨハネ1章1節。以下、ヨ1・1と略称）、「言は肉となって、わたしたちの間に宿られた」（ヨ1・14）、「恵みと真理はイエス・キリストを通して現れたからである」（ヨ1・17）、「父のふところにいる独り子である神、この方が神を示されたのである」（ヨ1・18）などである。そのほかにも「生命」、「永遠の生命」、「光」、「愛」の言葉が多く見られるのも注目すべきことである。

ヨハネ福音書が書かれた時期は、松永希久夫によれば、紀元八〇年代の後半から九〇年代の前半である（『新約聖書略解』、日本基督教団出版局、二〇〇〇年）。

## 2　ヨハネ福音書における農業

### 一粒の麦

まずイエスがギリシャ人（フィリポ、アンデレ）に語ったとされる次の言葉に注目しよう。「一粒の麦は、地に落ちて死ななければ、一粒のままである。だが、死ねば、多くの実を結ぶ」（ヨ12・24）。この言葉の意味は、小麦を栽培したことのある農夫はもちろん、話を聞いているギリシャ人も知っている。一粒の麦の種を播けば、それが発芽し、生長し、穂が出て、やがて穂に多くの実を結ぶ。イエスは、麦畑で麦が生長する過程にどのような関連で言及したのだろうか。次の2節はこう続く。「自分の命を愛する者は、それを失うが、この世で自分の命を憎む人は、それを保って永遠の命に至る。わたしに仕えようとする者は、わたしに従え。そうすれば、わたしのいるところに、わたしに仕える者もいることになる。わたしに仕える者がいれば、父はその人を大切にしてくださる」（ヨ12・25―26）。ここで「わたし」はイエスを指す。「わたしに従え」とは、イエスが「この世で自分の命を憎む」こと、自分の命を惜しまずに社会の底辺の人々（たとえば病人ラザロとその姉妹マルタとマリア。ヨ11・1―12・11）を救う行為をあえて行う道を選ぶこと、そのゆえに世間の非難や迫害を受けてもその道を突き進むように従えという意味である。そのようなイエスに従えという教え、訓告であろう。それは具体的には「あなたがたに新しい掟を与える。互いに愛し合いなさい。わたしがあなたがたを愛したように、あなたがたも互いに愛し合いなさい」（ヨ13・34）という掟であろう。

一粒の麦がイエスの愛の極致である十字架上の死の道と結びつけられている。一見したところ、人間の行為が植物の播種から実りまでの生長・変容と結びつけられていることにわれわれは驚かされる。しかし、福音書記者ヨハネにとっては、人間と植物は生命、生き物として、ある意味で同等な存在だったのではないかと思われる。植物は大地の栄養分を摂取して生きている。人間は植物（これは大地の産物だ）と動物（草食動物・肉食動物・雑食動物）の食物連鎖によって生きている。人間と植物はともに大地と太陽と水によって生かされているという洞察がヨハネにあったと思われる。それは植物も人間も、豊かに繁殖するためには、自己犠牲を通して実現しなければならないという見方であろう。自己犠牲は他者に対する愛の行為にほかならない。だからイエスは「互いに愛し合いなさい」という言葉を語りかけたのである。

## ぶどうの木と枝

わたしはまことのぶどうの木、わたしの父は農夫である。（ヨ15・1）
わたしはぶどうの木、あなたがたはその枝である。（ヨ15・5）

イエスはここでも栽培植物であるぶどうについて語っている。イエスはぶどうの木であり、聞いている弟子たちはぶどうの枝である。木（幹）と枝はつながっている。ぶどうの幹は地面に根を張り、大地の水分と栄養分を吸い上げ、枝の葉は太陽の光を浴びてエネルギーを受け取る。こうしてぶどうの木は豊かな実を結ぶのである。しかし「わたしにつながっていながら、実を結ばない枝はみな、父が取り除かれる」（ヨ15・2）という。農夫が不要な枝を剪定するように。ここでも栽培植物と人間の行為が結びつけられている。ぶどうの実が豊かに結ぶように、弟子たちがイエスの教えを守り、愛の教えを実践して広げることが奨められている。ぶどうの繁殖と人間の弱者に対する愛の広がりが、植物という生き物、人間という生き物として同次元で見られていることに注目したい。パレスティナでは、ぶどうの栽培は農業の重要な一部である。人間が生きる上で、農業が基本的な業であることが知られよう。

### イエスは良い羊飼い

わたしは良い羊飼いである。（ヨ10・11）

パレスティナでは、牧羊は人々の生活において重要な役割を果たしている。羊はミルクとしても肉としても人々の食生活には欠かせない。羊皮は衣服の材料としても利用される。羊飼いは羊の群れを牧草が生えている所に連れて行く。また盗人や狼から羊を守らなければならない。

イエスはいった。「わたしは羊のために命を捨てる」（ヨ10・15）。イエスはユダヤ人社会の底辺で貧困や病気や身体障がいで苦しむ人々を助け、社会的差別から救い、そのために非難や迫害を受け、十字架上での死刑に処せられることを予告している。この予告を羊飼いの喩えに託して語ったのである。

牧羊は畑での麦の栽培、ぶどうの栽培と並んで、当時の人々が携わる農業の重要な一部であった。

# 5 「物質的豊かさと恐怖」よりも「簡素な暮らしと助け合い」

## 1　今日の政治的状況

私は今日（二〇一五年）の日本の政治と経済について感じていることをお話してみたいと思います。

まず現在の日本の政治的状況について。私は現在の日本の政治が大きく急旋回しつつあり、その変化は極めて危険な方向に向かっていると感じています。そう感じる理由として、いくつかの出来事を挙げてみたいと思います。まず二〇一三年一二月、安倍首相は靖国神社に参拝しました。安倍首相は、過去の首相が靖国参拝するときにいつも語るように、「国のために生命を捧げた戦没者に国として追悼の誠を捧げるためだ」という趣旨のことをのべました。しかし今回の参拝は中国・韓国との関係が領土問題や従軍慰安婦の問題できわめて悪化している最中でのものであるだけに、安倍首相に国内ばかりか、米国や他の諸外国からも驚きと強い懸念の声が挙げられたのです。とくに中国の人々にとっては、首相の靖国参拝はかつての日本軍による中国侵略を正当なものと見なす行為にほかなりません。安倍首相は同年四月、「侵略という定義については、これは学界的にも国際的にも定まっていない。国と国の関係でどちらから見るかで違う」と語り、事実上、日本の侵略を否認しました。そのため中国・韓国は安倍首相に強く抗議しました。「侵略」の定義については、一九七四年の国連総会で「侵略の定義に関する決議」が採択された事実がありま す。また以前にも一九五一年サンフランシスコ講和条約で、日本は、日本が先の大戦でアジア諸国を侵略したことをはっきり認めました。安倍発言はこれらの事実を無視するものです。

このように過去の歴史的事実を無視する態度は、日本社会の中で北朝鮮拉致問題や従軍慰安婦問題、また在日韓国人・朝鮮人に対する憎悪を叫ぶ一部市民のヘイトスピーチにも表れており、政府だけでなく、少なからぬ政治家、マスコミ、一般市民が日本の過去の戦争と植民地支配の歴史を知らないか、忘れているように思われます。私たち日本人は安倍首相も含めて、ドイツの元大統領リヒャルト・ワイツゼッカー氏が語った言葉、「過去に眼を閉ざす者は結局、現在にも盲目になる」を今こそ思い起こし、その意味を噛みしめたいものです。現在と過去は不可分に繋がっており、私たちは過去の歴史の教訓を道しるべとしてはじめて未来に向かう方向を正しく定めることができるのです。

次に注目したいのが二〇一三年一二月に成立した特定秘密保護法です。これは我が国の安全保障のため、テロ行為、スパイ活動を防止するためと称して、行政機関の情報の一部を国家機密と指定し、これを漏洩した公務員、ジャーナリスト、市民を処罰するというものです。この法案に対して新聞、テレビなどの報道関係者や学者、市民団体の反対表明がなされたにもかかわらず、これを押し切って政府はこの法案を国会を通過させました。特定秘密保護法には政府が意図している戦時体制づくりへの重要な一歩として、報道の自由、国民の知る権利、国政に対して意見をのべる権利、基本的人権と民主主義を抑え込もうとする意図が明白に見られます。これは戦前・戦中の報道統制や言論の弾圧の復活にほかなりません。新聞、テレビ、雑誌の報道や一般市民の言論の自由が恐怖のために萎縮し、その結果、政権が危険な道を暴走しても、それが国民の目にはなかなか見えにくくなり、私たちが正確な情報にもとづいて批判の声を上げられなくなることが強く懸念されます。

さらに、昨年の二〇一四年七月、集団的自衛権の行使容認が閣議決定されました。日本は憲法第九条において戦争放棄と交戦権の否定を明言しましたが、その後政府は自衛のための武力行使は否定されていないと解釈することによって事実上改憲し、自衛隊を設置しました。そして今度はさらに集団的自衛権を容認しようというのです。自衛隊は、日本が攻撃されなくても、日米安全保障条約の同盟国である米国を守る必要が生ずれば、武器を取ることができるというのです。他国の防衛のための軍事力行使は明白に憲法第九条違反であるばかりか、米国の戦争に加担して戦うことは却って国際的緊張と軋轢を新たに生み出すことになることは必定で、米軍基地を抱えるわが国の安全が脅かされる結果となって、跳ね返ってくる。国民は安全になるどころか、不安と恐怖が増すことになります。このような軍事力行使の相互拡大という悪の連鎖を断ち切るためには、新たな発想に立ち、国際的相互信頼と友好関係を一つ一つ創り出していくという方向転換が求められていると思います。日本と近隣諸国の間に平和を創り出すためには、政府と政府の間の外交努力だけでなく、民間レベルの協力や共同研究、文化交流、青少年の交流などを通して信頼関係を築くことが中心であるべきです。それこそ、現在の日本国憲法の前文と第九条が指し示していることにほかなりません。

安倍政権と自民党は一体なぜ秘密保護法を制定し、集団的自衛権の行使を可能にしようとするのでしょうか。それは経済大国日本に翳りが見え始めた現在、日本がもう一度経済大国の地位を回復したいとの野望を持っているからであり、また東アジア地域と中東地域において国際関係が不安定である現在、軍事的にも大国としての存在感を示したいという野心があるからです。しかしそれは日本が明治以来選び取った富国強兵策にほかならず、その結果が一九四五年の敗戦と三一〇万にも及ぶ国民の生命の犠牲だったのではありませんか。あの恐怖と悲劇を二度と体験したくはありません。それは戦後に獲得した日本国憲法と正反対の方向への道です。

ところで、安倍政権は当初から憲法改正を公言しています。二〇一二年、自民党は憲法改正草案を発表しています。この草案は日本国憲法の前文を全面的に削除し、別の前文に変更しています。参考のために、現行の前文の一部をここに引用いたします。

日本国民は、恒久の平和を念願し、人間相互の関係を支配する崇高な理想を深く自覚するのであって、平和を愛する諸国民の公正と信義に信頼して、われらの安全と生存を保持しようと決意した。われらは、平和を維持し、専制と隷従、圧迫と偏狭を地上から永遠に除去しようと努めている国際社会において、名誉ある地位を占めたいと思う。われらは、全世界の国民がひとしく恐怖と欠乏から免かれ、平和のうちに生存する権利を有することを確認する。

われらは、いずれの国家も、自国のことのみに専念して他国を無視してはならないのであって、政治道徳の法則は、普遍的なものであり、この法則にしたがうことは、自国の主権を維持し、他国と対等関係に立とうとする各国の責務であると信ずる。

日本国民が目指すべき崇高な理想をのべているこのような前文が、自民党草案においては全面的に削除されています。また草案は第九条をも変えて、「自衛権の発動」を可能とし、「国防軍」の保持、機密を漏らした公務員の罪を裁く審判所の設置も規定しています。

安倍政権は昨二〇一四年の選挙で連立相手の公明党と合わせて衆院の三分の二の議席を獲得し、衆院での憲法改正の発議が可能になりました。しかし内閣が率先して憲法改正を進めるのは日本国憲法第九九条の公務員の憲法擁護義務に違反するものです。憲法改正論者はしばしば「日本国憲法は米国から押しつけられた」といいますが、事実はそうではありません。第九条は占領軍の押しつけではなく、当時の幣原喜重郎首相の強い意向によるものであることが連合国軍総司令官マッカーサーの証言でおよび高柳賢三・憲法調査会会長の証言によって明らかになっています。

シンガポールのルー・ペイチュン（陸培春）氏は「日本国憲法第九条はアジアの2千万人の犠牲者の上に作られた条文であり、その一字一字に何十万の（アジア）人の命の重みがある」とのべています（『もっと知ろうアジア』）。また米国のチャールズ・オーバビー氏は、第九条は世界に誇るべき条文であり、これを世界に広めようと提唱しています（『地球憲法第九条』）。これらの国際社会からの言葉を通して、私たち日本人は第九条をもっていることに自信をもつべきですし、また第九条を守り続けることの国際的責任にも気づかされます。

ところで、安倍政権は沖縄の普天間基地を名護市・辺野古沖に移設するための準備を進めています。しかし沖縄県民は辺野古沖への移設に強く反対し、昨二〇一四年、移設反対の立場の知事を選出しました。日本政府は日米安全保障条約のもとでアメリカの戦略に忠実に従ってこの移設を強行しようとしていますが、なぜ沖縄県民の大多数の反対を無視して米国の意向に沿う必要があるでしょうか。かつての戦時下の沖縄県民の地上戦の戦火の中での、また戦後の米軍基地から受けた長い苦しみを考えるならば、またもし沖縄以外の本土の都道府県も米軍の受け入れを望まないならば、このさい日米安保条約そのものを見直し、これを廃棄する道筋をつける議論を始めるべきときではないでしょうか。アメリカと友好関係を維持しながら、日本の安全と平和維持のために、日本を含む東アジア諸国の平和圏の構想を、国内でも、中国・韓国の人々との間でも話し合うべきときではないでしょうか。すでに在日韓国人の姜尚中氏が「東北アジア共同の家」構想を発表しており、韓国の詩人高銀氏も「東アジア共同体」のアイデアを語っています。私たち日本人もアメリカの「核の傘」から脱して、これらの議論に参加していきたいものだと思います。

## 2 政府の経済政策

次に安倍政権の経済政策を見たいと思います。それはまず安倍首相のいう「成長戦略」、金融緩和による円安政策、法人税率引き下げと社会保障予算の切り詰めに現れています。政府は国益の名のもとに輸出産業をはじめとする大企業を優遇し、中小企業と消費者にしわよせを及ぼしています。これはアメリカ発の新自由主義の勢いに従い、市場の動きを優先し、これに国民経済をゆだね、勤労者保護や社会保障の政策を縮小するという政策です。現在の経済政策は企業活動に対する従来の規制を緩和し、地方の中小企業や農家を犠牲にする方向をとり、低所得の人々、非正規雇用者、失業者をいっそう窮地に追いやる結果となっています。

日本の失業率（労働人口に占める失業者の割合）は二〇一四年に三・六％で、先進国の中ではたしかに低い方です。しかし雇用の実態はどうでしょうか。就業者全体のうち、非正規雇用者、すなわち、パート、アルバイト、派遣社員、嘱託が一九九三年以後、20年以上も増加しつつあり、二〇一三年には雇用者全体の三六・七％を占めるにいたっています。また生活保護の受給者は二〇一四年に二一六万人で、これは全人口の一・七％に当たります。人口一〇〇人中一・七人が受給者というのは、現在の受給条件の厳しさを考えれば、かなり高い割合といわねばなりません。しかも受給していないけれども受給者と同程度の困窮者がはるかに多くいるのです。

このような弱者が置かれている状態は、国の富がGDP（国内総生産）で表されているかぎり、隠されてしまいます。GDPは国民の生産額の総計を示しているので、総生産が増大している中で、国内の貧富の格差が広がり、貧しい人々はいっそう貧しくなっているという現実は、この指標では見えなくされているのです。また、もしGDPの増大を経済政策の最高原理にまで高めるならば、貨幣額で評価される経済的富の大きさを人々の生命・安全よりも優先することになります。この事態が現在の日本の社会でじっさいに進行しているのです。

しかし、貨幣は真の富ではありません。ギリシャ神話にミダスという王様に関する物語があります。ミダス王はディオニュソスという神の使いから「あなたの一番の願いは何か。それを叶えてあげよう」と問われた。王が「私が手で触れるすべてのものが黄金に変わるようにしてください」とねがったところ、その願いは聞かれ、彼が手で触れるすべてのものが黄金となった。彼ははじめは有頂天になった。しかし彼はやがて空腹になり、目の前にある食べ物を手でとろうとしたところ、それも黄金に変わってしまった。彼は空腹に耐えられず、ついに神の使いに先ほどの願いを取り消してもらい、ようやく救われたという話です。黄金や貨幣は人間の生命を支える真の富ではない。真の富は貨幣でもGDPでもなく、人々が各々の地域で生活物資を安定的に得られること、地域の風土に根ざした農業を中核とし、その周りに工業と商業が育ち、広がる社会です。真の富とは、国内に格差が少なく、誰もが仕事をもち、健康で文化的な生活を送れることです。

これと関連してTPP（環太平洋連携協定）への加盟問題があります。これは関係諸国が「自由貿易」と「例外なき関税撤廃」を目指して協議している条約ですが、とくに日米両国が相互の貿易の条件をめぐって話し合いを続けています。もしこの条約が締結されれば、日本は自動車などの輸出によって米国に対して優位に立つ一方、農業分野では米国の大規模生産による安い農産物が日本の市場に大量に流入し、日本の小規模経営農家に壊滅的影響を与えることが予想されます。その上、日本の国内法で禁止されている農薬入り農産物や遺伝子組み換え作物を輸入拒否できなくなります。自由貿易原則のゆえに、各国の自己決定権が破壊されることになります。米国の巨大多国籍企業は市場万能主義のもとで、貿易・国際投資によって大資本の力で諸外国を支配できるのです。これはかつての植民地支配の現代版というべきものです。

日本は戦後、長い間「貿易立国日本」として高度経済成長を遂げ、繁栄してきましたが、世界が環境・資源の壁に突き当たっている現在、もはやこれを続けることはできません。今後は諸外国と競争して貿易大国をめざすのではなく、国内の自給度をできるだけ高め、貿易は必要最小限に留める方向へと大きく転換する必要があります。WTO（世界貿易機関）も「自由貿易」の原則を根本的に見直すことが求められています。

## 3　農業政策について

次は政府の農業政策についてです。安倍政権は「農業改革」を掲げ、農業を「成長産業」に変え、「強い農業」、「攻めの農業」を育てるといっています。そのためには、全国の農業協同組合を改革して市場経済の競争に耐えられるものに変わらなければならない。小規模の家族農業から市場競争に勝つ企業的農業への転換が必要だというのです。そしてグローバル化に耐えうる少数の大規模の農業企業だけが生き残ればいい、家族農業は滅びてもよいと考えています。食糧生産の大半を外国にゆだね、安い食糧を輸入すればよいというのです。現在、GDPに占める農業生産の割合はわずか一・〇%です。食糧自給率は（カロリーベース）三九%、穀物自給率にいたってはわずか二八%です。日本は先進国中最低の自給率の状態です。しかも政府は成長のためと称してこれをもっと下げる方向に向かっているのです。

しかし農業を他の産業と同列に置き、GDPへの貢献度によって評価するという考えは間違っています。農業は国民の日々の生活に欠かせない食と健康と生命に関わる営みです。これを外国からの輸入に依存して、国民の安定した、安心な生活が保証されるはずがありません。日本の農業を担っている農業者の大部分が小規模農家です。たとえ日本の農業が他国に比べてより多くのコストがかかろうとも、国民の食糧の大部分は国内で自給しなければなりません。日本の国土の七〇%は山地が占め、農地は人口に比べて少ない。しかし先人は狭い土地を長年の努力によって活用し、中山間地を開墾して段々畑や棚田に変え、増産に努めてきました。そのような日本特有の地理的・歴史的背景を考慮に入れずに、ただ外国産農産物のほうが安いからという理由で、米国や中国など外国からの輸入に国民の食をゆだねるのはあまりに短期的な利益の視点にとらわれており、きわめて危険です。

このような趨勢に対抗して、今各地で家族農業（小規模農業）を守り、有機農業を広げようとする運動が広がっています。この運動は各地域で生産者と消費者が提携し、農産物の供給を通して相互に交流し、互いに支え合う関係を築き、維持しています。農業者の高齢化と農業者の急速な減少の中、小農による有機農業運動の発展にこそ、日本国民の食の安全と安定がかかっています。現在、私たち都市の消費者は現在の便利で快適な都市文明とグローバル経済の恩恵を享受し、世界各地から輸入された牛肉、ワイン、果物、チョコレートなどのグルメ食品を楽しんでいます。しかし世界が環境・資源問題の悪化という切迫した状況に直面している現在、豊かな生活がいつまでも続くという保証はありません。一般の生活者・消費者はこのことに気づき、農業生産者と交流し、提携・協力して、自分たちの将来の生活の安定のための行動を起こさねばならないときだと思います。

## 4 エネルギー政策

次はエネルギー政策と原子力発電についてです。二〇一一年三月の福島原発事故から四年経つ現在、政府は成長政策とエネルギー資源確保のため、全国各地の原発の再稼働を急いでいます。事故被害地の土地・環境も被害住民の生活も復興からほど遠い状態であるにもかかわらず、原発は再稼働に向けた動きを示し、再び安全な施設に戻ったかのような空気が広まっています。しかし、ここで原子力科学者である故・高木仁三郎氏が事故前の二〇〇〇年に訴えた「原発に関する九つの神話」の議論を思い起こすべきではないかと思います。九つの神話とは、「原子力エネルギーは無限のエネルギー源」という神話、「原子力は石油危機を克服する」という神話、「原子力の平和利用」という神話、「原子力は安全」という神話、「原子力は安い電力を提供する」という神話、「原発は地域振興に寄与する」という神話、「原子力はクリーンなエネルギー」という神話、「核燃料はリサイクルできる」という神話、「日本の原子力技術は優秀」という神話です。高木氏はこれらがいかに嘘であるかを詳細に暴き、これらの神話の宣伝に反論しました（『原子力神話からの解放日本を滅ぼす九つの呪縛』、光文社、二〇〇〇年。二〇一一年五月、同名の書が講談社＋α文庫で出版)。

しかし政府と電力会社は国民の生命・安全よりは経済成長と大企業の利益を優先して原発を利用し続けたのです。原発反対運動は危険思想であり、過激派グループの運動だという宣伝までなされました。

物理学者・槌田敦氏はすでに一九七七年、原発利用は四つの犯罪行為だと指摘していました。すなわち、廃棄できない毒物(放射能)を製造する犯罪。毒物を取り扱い困難にする犯罪。放射能被ばくによって人間集団の遺伝情報を狂わせる犯罪。子孫に毒物管理を強制する犯罪の四つです。これらの行為が公害犯罪処罰法の「故意犯」と「過失犯」に該当するというのです(『石油と原子力に未来はあるか　資源物理の考えかた』、亜紀書房、一九七八年)。

このような危険な技術を利用してまで、一層の経済成長のためと称して、健全な国土、田園と山野、人々の暮らしと地域の結びつき、農林水産業の営み、人々の生活の糧の安定的生産・供給を危険にさらしてよいのでしょうか。しかも原発は、事故が起こっても起こらなくても、放射性廃棄物の蓄積の増大と放射能の漏出・拡散によって取り返しのつかない被害を人間と環境に与え続けます。原発はそもそも人間の生命・安全な暮し、生命の基盤である自然環境・生き物の織りなす生態系と共存することはできません。たとえそれが一時的には、どんなに豊かな生活をもたらそうとも、です。国の富とは、豊かな国土とそこに根ざした国民の生活にほかなりません。ここで昨年五月、福井県の大飯原発訴訟に対して下された福井地裁判決を思い起こしたいと思います。この訴訟は、地域住民が大飯原発は事故の危険が大きいとして運転差し止めを求め、関西電力を相手取って起こしたものです。福井地裁（樋口英明裁判長）は原告の請求どおり、運転差し止めを命ずる判決を下し、判決理由の中で次のようにのべています。

被告（関西電力）は本件原発の稼働が電力供給の安定性、コストの低減につながると主張するが、当裁判所は、きわめて多数の人の生存そのものに関わる権利と電気代の高い低いの問題等とを並べて論じるような議論に加わったり、その議論の当否を判断すること自体、法的には許されないことであると考えている。このコストの問題に関連して国富の流出や喪失というべきではなく、豊かな国土とそこに国民が根を下ろして生活していることが国富であり、これを取り戻すことができなくなることが国富の喪失であると当裁判所は考えている。

ここからも分かるとおり、原発はその潜在的破壊能力のゆえに日本国憲法第十三条にいう国民の生命・自由・幸福追求の権利を根本から否定するものであり、早期に廃止・禁止すべきものだと考えます。その点では、核兵器と同じです。ドイツは一九八六年のソ連のチェルノブイリ原発事故の被害を受けて脱原発に転換し、さらに二〇一一年の福島原発事故と被害を見て、脱原発政策を確立しました。ドイツと同程度の経済力をもつ日本も脱原発ができないはずがありません。

石油などの化石燃料の利用も地球温暖化と異常気象を引き起こしている原因ですから、これも着実に、段階的に減らし、それと並行して太陽光発電、風力発電、木材燃料などの再生可能エネルギーの開発を積極的に進めることが永続的に維持可能な社会を創るための不可欠の条件です。日本は再生可能エネルギーの開発において多くの外国に後れをとっています。

## 5 内村鑑三の活動と思想

さて、これまで現在の政治と経済の問題点を見てきましたが、ここで内村鑑三（一八六一―一九三〇）が当時の時代をどのように観察し、批判し、どのように国民の平和な生活を擁護していたかを簡単に見たいと思います。

内村は明治半ばに起きた足尾鉱毒事件に深く関わりました。これは栃木県の足尾銅山で古河鉱業が銅の採掘と製錬のさいに排出した鉱石・鉱滓に含まれる鉱毒が渡良瀬川とその流域一帯を汚染し、地域住民に莫大な被害を与えた事件です。被害が広く知られるようになってからも、古河は鉱毒を流し続け、政府も古河に鉱業停止を命じず、これを放置し続け、住民の被害を大きくしました。

内村は何度も被害地を訪れ、その悲惨さを目の当たりにし、その体験を世に訴えました。山林、河川、田畑の汚染、農民の健康と生活の破壊、政府の加害企業擁護、政府が農民の陳情を弾圧したことの不当さを訴えました。彼はこの被害を天災ではなく人災と指摘し、政府が鉱工業を優遇し、農民の被害を放置したことを批判したのです。

私は今度の福島の原発事故と福島の被害者の状況を見るとき、足尾鉱毒事件のそれとあまりにもよく似ているのに驚きます。東京電力は地震・津波に関する学者の予測と意見を、対策コストの増大を恐れて無視した結果、原発事故を招き、周辺住民が未だに住めない危険な状態が続いているのです。放射能被害のゆえに避難生活を強いられている福島県の住民は、足尾銅山の鉱毒によって田畑を耕すこともできず、生活に困窮した栃木・群馬・茨城・埼玉の農民たちと重なるかのように映ります。

さて内村はまた日露戦争に反対し、政府が戦争のために増税を課し、農民を戦死に追いやったことを批判しました。彼は戦争の絶対的廃止と軍備全廃を目的とする平和協会を設立し、世界の識者に呼びかけようと訴えました。ここでいう「戦争廃止」と「軍備全廃」は、のちの日本国憲法第九条の「戦争放棄」と「戦力不保持」を先駆的に表明しています。

内村はまた一九二三年の関東大震災を日本社会全体（とくに支配層と富裕層）に対する裁きと受けとめました。ただし現実の被害者、とくに貧しい人々に対する罰と見たのではありません。この震災を戦争と近隣諸国の征服による繁栄を謳歌する日本社会全体に向けられた裁き、悔い改めて新しく生まれ変わるための裁きと受けとめるべきだと語ったのです。

内村は日本が商工業発展のための戦争・領土拡大政策を転換し、国土とその資源に根ざした農林水産業によって平和に生きていくべきだとのべています。彼の平和主義は農林水産業の重視と深く結びついていました。彼はこうのべています。

無限の宇宙の一部分たる日本国もまた無限である。これを耕すに知恵と徳とをもってすれば、その小面積も、もってよく数億の民を養うに足る。何を苦しんで剣をみがき砲を鋳て外に広がらんと欲するのであるか。われらはいまだ自国の富を知らない。その山の富、野の富、海の富を知らない。ゆえに常に国土の狭きを嘆じ、機会もあらば外に向かって広がらんと欲するのである。……われらはわれをもって足るべきである。そうして平和なる幸福なる国民的生活を送るべきである。

（「争闘と平和」、一九〇九年）

日本国内の自然資源を活用して、国内の自給力を高めようというのです。この文を発表した一九〇九年は日露戦争後、日本は韓国への支配を強め、翌年には韓国を併合したのですが、彼の農本思想はそのような植民地支配を廃棄した上で実現すべき社会の姿をのべたものでした。

内村はデンマークとオランダの例を引きながら、小農を基礎とする平和な小国という小国主義の思想を抱いていました。彼は世界各国が将来、地主・小作制を廃止して、農業者はすべて小さい自作農となり、自分自身の土地を耕すようになるというビジョンを抱いていました。彼はミカ書4章3節に言及しています。すなわち、「主は多くの民の争いを裁き、はるか遠くまでも、強い国々を戒められる。彼らは剣を打ち直して鋤とし、槍を打ち直して鎌とする。国は国に向かって剣を上げず、もはや戦うことを学ばない」（ミカ書4・3）。この一節はふつう平和主義の預言と理解されていますが、同時に農業を国の基本とする政策と捉えることが表明されていると思います。内村はこのことを十分理解しながら、次の4節（「人はそれぞれ自分のぶどうの木の下、いちじくの木の下に座り、脅かすものは何もないと万軍の主の口が語られた」）についてこういっています。

世界的平和到来の時には、人は各自小地主となりて、おのが手にて作りし物を食い、おのが建てし家に安んぜんとのことである。……世界的平和は自作農業の発達を促す。末の日に神の国が地上に建設せらるるときには……全国にわたる小地主の自作農業の繁栄を見るだろう。（一九二三年）

内村は農こそ民の暮らしと安寧の基礎であり、この基礎に立てば、日本は外国の領土と資源を奪うことなく、平和に生きることができると訴えたのです。このような農本思想は現代にも通ずる重要性をもっています。というより、農を社会の基礎として重視する思想ほど、現代において強く必要とされるものはないと思います。

## 6 聖書が現代に語りかける言葉

最後に、聖書の言葉から現在の状況を考えてみたいと思います。

人はパンのみによって生きるのではない。神の口から出る一つ一つの言葉で生きる。
（マタイ4章4節）

だれも、二人の主人に仕えることはできない。一方を憎んで他方を愛するか、一方に親しんで他方を軽んじるか、である。あなたがたは、神と富とに仕えることはできない。

（マタイ6章24節）

これらの聖句を現代に即して言い換えれば、個人としても国としても、貪欲を警戒せよ。国の政治の目的として、物質的豊かさよりも大切なものがある。それは人々の間で貧富の格差がないこと、誰もが仕事の場を得て、安心な生活を送ることである。国と国の間で人々の平和で友好的な交流を維持し、相互の国の文化の独自性を尊重すること、相互に助け合うことである、となると思います。

体は殺しても、魂を殺すことのできない者どもを恐れるな。むしろ、魂も体も殺すことのできる方を恐れなさい。

（マタイ10章28節）

この言葉を現代的に言い換えれば、他人の体を殺すというのは、戦争で人を殺すこと、また大資本をもつ者が貧しい者をいっそうの貧困に追いやることである。軍事大国や大企業のような強者を恐れるな、という意味が込められています。「魂を殺すことができない」というのは、どんなに弱い人であっても、心をもっている、生きたいという意志と自尊心をもっている。人間らしい生活をして、他の人々と共に喜び合いたいと願っている。どんな強者もこれらの弱い人々の心と願いを奪うことはできない、という意味を含んでいます。「魂も殺すことのできる方」とは裁く神であり、一人ひとりの生き方を永遠の、宏大な見地から評価する方が存在するというのです。

人は、たとえ全世界を手に入れても、自分の命を失ったら、何の得があろうか。
（マタイ16章26節）

この聖句が現在の私たちに語っているのは、たとえ日本が原発によって大量のエネルギーを使用し、工業製品を大量に生産し、世界有数の豊かな経済大国になっても、もし原発事故や核廃棄物の放射能の拡散によって多数の人々が生命を失い、白血病や甲状腺がんで苦しみ、住むところを失い、避難生活を強いられるとしたら、何の得があろうか。世界有数の経済大国になっても、命を育て私たち都市民を養う仕事（農林水産業）に携わっている人々（農民・漁民）を切り捨てるなら、何の得があろうか。

たとえ日本が「自衛の権利」とか「集団的自衛権」の名の下に戦争へと踏み切っても、

多数の自衛隊員や一般市民たちがそのために生命を犠牲にするならば、何の得があろうか。先の大戦では三一〇万人の犠牲者を出したが、もしも次に戦争が起これば、犠牲者はこの数をはるかに超えるだろう。国民がそのようなことを望んでいるだろうか。それでもなお戦争する意味がどこにあるか。

財宝を多く持って恐怖のうちにあるよりは、乏しくても主を畏れる方がよい。肥えた牛を食べて憎み合うよりは、青菜の食事で愛し合う方がよい。

（箴言15章16節―17節）

箴言のこの個所でいう「恐怖」は、原発によって得られる経済的繁栄には原発事故と放射能被害に対する恐怖がたえずつきまとう、とも理解できます。また、集団的自衛権の行使という名目で戦争に参加することによって、わが国がより安全になるだろうという期待に反して、日本がいつ、思いがけない反撃を外国から受けるかもしれない、と国民が抱く新たな恐怖と読むこともできます。

私たちは個人としても、また我が国全体としても、必要以上に物質的豊かさの追求と経済成長のために邁進するのではなく、また激しい競争と恐怖の中に入っていくのではなく、ほどほどの簡素な生活の中で、貧富の格差の少ない、相互に協力し合う平和な社会を創造していくことが求められていると思います。

ご清聴ありがとうございました。

（内村鑑三記念講演会。二〇一五年三月二二日、今井館）

# 補論　内村鑑三と農業

# 1　内村鑑三の二宮尊徳論

内村は一九〇八年（明治41年）、英文の著作『代表的日本人』（"Representative Men of Japan"）を出版し、欧米の人々に日本には次のような優れた人物が存在したことを紹介した。すなわち、西郷隆盛、上杉鷹山、二宮尊徳、近江藤樹、日蓮の五人である。二宮尊徳については「農民聖者」（Peasant Saint）と呼んでいる。以下、尊徳論の要旨を見よう。

## 1　当時の世紀（一九世紀）初頭の日本農業

農業は国家存立の大本である。わが国の人々の生活は土に頼っている。
一九世紀初頭の日本は贅沢と散財と怠惰の風潮が広がっていた。
土地からの収穫は盛時の三分の二に減った。

## 2　二宮金次郎の少年時代

金次郎は空き地にアブラナの種を撒き、菜種を収穫した。また洪水後の沼地を田圃として米を収穫した。彼は荒地を沃地に変える試みの経験から、「自然はその法に従う者には豊かに報いる」という教訓を得た。

## 3　能力の試練

尊徳は小田原藩主から桜町領三村（現在の栃木県真岡市）の復興を命ぜられる。三村はかつて四千俵を収納していたが、今や八〇〇俵に減少し、人口も三分の一に減った。尊徳は藩当局に「一反の田から二俵の米が獲れるなら、一俵は彼らの生活を支えるために用い、残る一俵は耕地を開墾するために使う」と提案し、了承された。

尊徳は仁愛、勤勉、自助という道徳力を経済改革の要素として重視する。一人の老いた農夫が木の切り株を掘る仕事に精を出していた。尊徳はこの男を「誰もしたがらない仕事をした」という理由で表彰し、栄誉と報酬を与えた。

尊徳は一部の村民が彼の指導に不満と反抗を示したので、突然姿を消し、成田山新勝寺で参籠と断食の三週間を過ごした。村民は自分たちには尊徳の存在と指導が必要だとあらためて認識し、自らの非を悔いた。以後、村民の倹約と仁術によって荒廃地は解消され、生産力が回復した。

一八三三年（天保四年）、金次郎がナスを食べ、秋の不作を予言し、村民各戸に稗を播くように命じた。はたして飢饉が来た。しかし尊徳の指導下の村々は犠牲者を出さず、飢饉を乗り切ることができた。

約束期間の一〇年が過ぎて、米四千俵の収穫を上げられるようになった。

尊徳の評判が広まり、周辺の諸大名が尊徳に自己の領地の復興の助言を求めて殺到した。

**4　個人的援助**

尊徳は身近に貧困で苦しんでいる人々に個人的援助を施した。

彼は農民に「天地万物は成長発展して止むときがない。この法（天道または天理）にしたがって勤勉に誠実に働けば、貧困に苦しむことはない」と教えた。

農民らが領主の悪政を逃れて故郷を離れようとして相談に来たとき、尊徳は彼らに鍬を一丁ずつ与えていった。「私の方法にしたがって実行するなら、荒地を沃地に変え、負債を支払うことができよう。」彼らはその勧告通りに働き、数年後にはすべてを回復できた。

村民の信頼を失った名主（庄屋）が尊徳に相談に来た。尊徳は「持っている土地、家屋、衣類など財産を売り払い、それを村人のために捧げなさい」と答えた。名主はそのとおり実行した。まもなく村民は名主を見直し、支援するようになった。

一人の米穀商人が不作の年に高値で売って相当な財産を築いたが、家族の不幸のために破産に瀕したので、尊徳に相談に来た。尊徳は「今残っている財産を人に施し、裸一貫で再出発するがよい」と語った。商人はこの勧告を実行した。彼は回漕業を始めた。周囲の人々は彼を見直し、今や彼を助けるようになった。

尊徳は言う。「一人の心は大宇宙の中では小さな存在にすぎないが、その人が誠実であれば、大地を動かしうる」。

尊徳は「自然」と人の間に立って、人々を「自然」の方へと引き戻したのである。

## 5　公共事業一般

尊徳は広大な領地をもつおよそ一〇名の大名から荒廃した自領の復興のために指導することを求められた。晩年には徳川幕府からも復興事業に貢献を命じられた。

尊徳が小田原藩の人々に尽くした最大の功績の一つは一八三六年（天保7年）の大飢饉

においてである。尊徳は江戸詰めの藩主から領民の救済にあたるよう委任されたので、家臣に城の倉庫を開放するよう求めたが、家臣は藩主の直筆の文書がなければ、開放には応じられないと拒否した。そこで尊徳は、大老、老中以下、家臣が領民の迫りくる餓死の責任を取って食を絶って死ぬことを勧めた。尊徳のこの強烈な講話を聞くや、家臣らは直ちに倉庫を開放し、四万三百九十人の窮民に米を貸し与えた。農民は約束の五年の期限内に完済し、救済された。

幕府が尊徳に利根川下流の印旛沼の排水に必要な運河建設の計画を立てて報告するよう命じた（一八四二年：天保一四年）。尊徳は現地を調査し、工事に雇う農民の堕落ぶりを知った。この事業は金と力を用いても完成を期待できない。当面は仁術をもってやもめを慰め、孤児を保護し、道徳なき民を道徳的な民に変えることが必要だと報告した。この報告は幕府によって採用されなかった。しかし（内村によれば）運河建設の計画に道徳的要因を入れる人物が、実際は、最も実際的な人物になるのである。

尊徳は復興事業に着手する前にその地域の貧しい村を選んで復興仕法を実施した。彼は一種の伝道精神を農民改革者のうちに起こして、隣村を助けることを求めた。尊徳の死後、尊徳仕法が実施された地域で数々の結社（報徳社）が組織され、維新後も全国各地に広がっている。

以上が内村鑑三の二宮尊徳論の要旨である。この論述は主に尊徳の高弟、冨田高慶の『報徳記』にもとづいている。内村が封建制下の農村と農民が厳しい身分差別の中で貧困と怠惰に流されている現実を同情をもって理解していることが感じられる。

それだけに二宮尊徳の偉大さが伝わってくる。彼は武士階級が農民の納める年貢に依存していること、また藩領と幕領地において年貢の取り立てが苛酷を極めていることを熟知している。彼はまた幕末期に市場経済が浸透し、封建制が危機に瀕していることを察知している。農民階級出身の彼が小田原藩主から登用され、さらには幕府からも登用されたのは、窮地に陥った支配層の必死の試みでもあろう。尊徳は封建制の身分差別を超えた権限を与えられたのである。内村は、尊徳が経済改革（土地の生産力の回復）の要素として道徳力、すなわち仁愛、勤勉、自助を重視していることに注目している。そこに内村の農業に対する見方の特徴がうかがわれる。

参考文献

内村鑑三『代表的日本人』、鈴木範久訳、岩波文庫、一九九五年
三浦永光『改訂版　現代に生きる内村鑑三』、御茶の水書房、二〇一七年
同右「二宮尊徳の桜町領の復興仕法と報徳思想の形成」、『環境思想・教育研究』11号、二〇一八年。
同右「二宮尊徳の報徳思想の構造」、総合人間学会編集『総合人間学研究』第13号、二〇一九年。

# 2　田園と農民の繁栄を夢見た内村鑑三とJ・W・R・スコット

## はじめに

今日はここ札幌独立教会の創立記念日（二〇一四年一〇月二六日）に皆さんの前でお話をする機会をいただき、大変光栄に存じております。私は学生時代から内村鑑三の著作に触れ、『余は如何にして基督信徒となりしか』をはじめ彼の多くの文章の中で札幌独立教会のことがのべられているのを読み、是非一度訪ねてみたいと思いつつも、今日まで出来ませんでした。このたび長年の夢が叶い、本当に嬉しく存じております。今日お話したいテーマは内村鑑三と農業・農民の関わり、およびその関連において内村がイギリス人スコットと交わしたキリスト教信仰と農業についての対話についてです。

## 1　内村とスコットの出会い

一九一五年七月発行の『聖書之研究』誌に「日英問答」と題する内村の小文が掲載されている（全集21巻351頁）。これは内村が英国人ジャーナリスト、スコット（John William Robertson Scott）の訪問を受け、キリスト教について彼と交わした問答を伝えている。スコットはキリスト教の優れた道徳を尊敬するが、キリスト教の教義、たとえばキリストの処女マリアからの誕生、キリストの奇跡、復活を信じることはできないという。また彼はキリスト教が来世のことのみを語り、この世のことを怠らしめるとして、異議をのべる。さらに、スコットは英国国教会の聖職者は社会の進歩改善を目的とする法案に反対する進歩の妨害者だとして非難する。これに対して内村は答える。われわれは英国人のようにキリスト教を教会の権威の下で教義として学ばされるのでなく、自分自身の「深き心霊的実験」によって受けとめるのであり、これを信ずるか否かは自分自身の自由選択に任されている、また、英国人がもっている道徳の源はキリスト教にほかならないと論じている。

この問答が交わされたのは一九一五年五月である。二人のキリスト教に関する見解は異なっているが、にもかかわらず、内村はスコットについて「彼の誠実と広量と寛容とは余輩の敬服してやまざるところである」と紹介し、この小文を「共にあること三六時間、われらは相互に対する厚き敬愛と温かき握手とをもって別れた」と結んでいる。

## 2　スコットの見た内村

スコットとはどのような人物だろうか。彼は一八六六年、イングランド北部のカンバーランドに行商人の息子として生まれた。いくつかの新聞社の記者としての経験を積んだ後、農村・農業関係の雑誌の記者に転じ、農村社会に関する論説・著作を発表した。一九一五年の初め、第一次世界大戦勃発の半年後、彼は日本を訪れ、日本の農村と農民の暮らしを観察するために日本全国を旅行して回った。彼は同時に地方の地主、僧侶、政治家、官僚、知識人などにも会った。彼が内村を訪問したのは、そのような日本見聞の旅の一環としてであった。彼は四年半も日本に滞在し、米国を経由して帰国した。彼は一九二二年、日本滞在記録の著作『日本の土台』（The Foundations of Japan）を出版した。これは資料・索引を含めて四四五頁の大著であるが、その中の一章を内村との会見記に当てている。

スコットは、内村が若いときに学んだのが農学であり、「日本の農村の幸福への願いが彼の心の内奥にある」とのべ、内村が農民と農村について語った言葉を紹介している。内村によれば、日本では古来、「農は国の基」といわれており、したがって農民は「日本の土台」である。（スコットはその原語 The Foundations of Japan を強調体で表示している。彼のこの著作の表題は内村のこの言葉から取られたと思われる。農民こそ社会の土台であるという内村の見方にスコットがいかに強く共感したかが推察されよう）。しかし、内村は現在の政府と産業界は文明化を進めるために、農村と農民を犠牲にしてはばからないという。ある企業が銅山を政府から安く買い受け、銅の採掘と精錬のために周囲の山々の森林を次々と伐採した結果、洪水が多発し、鉱毒を含んだ水が流域の村々一帯の農地に広がり、甚大な被害を及ぼした（足尾鉱毒事件）。

内村によれば、政府が鉱業を重視したのは軍備増強による戦争と領土拡大のためである。しかし軍備増強は、農民をはじめとする国民にとっては、物価高と増税の重い負担を課するもの、農村を荒廃させるものでしかない。内村は、日本は軍事的に対外進出しなくても、国内の土地の開拓と耕作、干拓と植林によって国民を十分養うことができるという。「正義は力よりも偉大である」という信念をもつ、攻撃的でない、謙虚で勤勉な人格を養成することは、キリストの福音を通してのみ可能であるという。

内村がスコットに言うには、日本の農村には地主と農民の間に深い溝があり、農民は重い小作料に苦しんでいる。地主は農業労働を蔑視し、小作人に権利や自由を認めていない。また女性は男性よりも低い地位に置かれている。しかし内村によれば、キリスト教は労働の神聖の福音を通して地主と農民の間に平等な兄弟関係を作り、自由の自覚と改革の意志を生みだし、女性を男性と同等に尊重することを教えるという。真の福音が地主の人間観を変え、農民に生活の改善と農村の農業の向上をもたらす道徳的活力となるという。内村は、イエス・キリストは「蔑まれた、外国の［非日本人―引用者注］農夫」であり、この農夫の宗教を伝え広めることが日本の農村の人々を高める最上の道だという確信を抱くにいたったという。

スコットは内村に案内されて千葉県鳴浜村（現在の山武市本須賀）の地主（内村の親しい教友、海保竹松）を訪ね、そこで一泊した。内村は地主とその教友三〇余名を前にマタイ伝5章について講話を行なった。講話のあと、信者との懇談があり、次いで皆が長いテーブルを囲んで夕食を食べた。信者の中には何人かの女性もいた。内村によれば、日本社会では一般の集まりに女性が参加することはほとんどないが、ここではキリスト教の福音の教えにしたがって、女も平等に講話を聞くことができ、懇談や夕食会にも参加している。ここにもキリスト教が地方社会を変革しつつある実例があるという。

スコットは内村に関する章を次のような言葉で結んでいる。「内村を肯定的に評価する日本人の一人が評したように、彼は非実際的で、性急なまでに率直だが、しかし心から誠実で、深い経験を積んでいる。われわれはここでこの〈日本のカーライル〉に別れを告げよう。私の日本探訪の他の場所において、私は彼以外の誰によって物事の根底に向かって挑戦的に肉迫することができただろうか」。スコットは内村の言葉を通して日本人と日本社会を、肯定的にも否定的な意味においても、判断し評価する深い視点に眼を開かれたのである。彼はまた内村の見解との間に一定の距離を保ちつつも、日本社会において農業と農民が置かれている厳しい状況と、それにもかかわらず彼らが社会の中で担っている農業の役割とその根底的な重要性とに関する内村の透徹した認識に深い同感を覚えたことがうかがわれる。

## 3 内村の農業・農民観

内村は彼の伝道雑誌『聖書之研究』および著作において農村・農民をどう見ているだろうか。彼は農村の現状について地主小作制度と家族制度の二つを主な問題として挙げている。まず地主小作制度については、一八九〇年頃から小作料減額要求の運動が各地で起こり、小作条例の制定要求の声も上がった。内村は一九〇三年、この問題について地主と小作人の双方に「慈悲と公平」を求め、「地主をして小作人を慈《おも》わしめ、小作人をして地主の心を推し量らしむるに至って初めてこの最も困難なる小作人問題は解決されるのである」とのべている。内村はここで先に触れた海保竹松のような地主が小作人と対等の人間として接し、彼らのために進歩的な改革を行ったことを念頭に置いていると思われる。しかし、当時の日本の一般的な小作料の高さと小作人の困窮を考えれば、内村の調停的な提言には限界がり、小作人の切実な要求に対する理解に欠けているように思われる。

家族制度については、彼は「親類との関係、家督制度、分家分財の習慣、仏事の施行」などの例を挙げ、これらが農民を苦しめているという。彼は農村の閉鎖性と頑迷固陋の状態を打破して農村を改良するのは、神の力を信ずる者の信念と勇気ある行動によってのみ可能であるとのべている。

内村は農民の苦しみを増す原因が国家の軍備増強と戦争政策にあり、そのための物価高と増税にあると見ている。

さらに、国家の鉱工業優先政策が農民と農村を犠牲にして強行されている例として、足尾鉱毒事件を挙げ、国と企業主を激しく攻撃してこう言う。

一人［古河鉱業の社主・古河市兵衛――引用者注］が栄華に誇らんがために万人は飢餓に

泣かざるを得ざるか。優勝劣敗は実に人道なるか。

詩人よ、農夫の貧と工家の富とを比対し見よ。諸氏の韻文に新たに生気の加えられるを見ん。

之〔足尾銅山鉱毒事件―引用者注〕を是れ一地方問題と見做す勿れ。是れ実に国家問題なり、然り人類問題なり、国家あるいは之が為に亡びん。

（「鉱毒地巡游記」、一九〇一年、全集9：176―177）

内村はこのような農村と農民の状況に対してキリスト教伝道による強い信念の個人の養成が最も必要であると考え、日本各地の農村を訪ね、農民と話し合い、また聖書の講話によって信仰を説き、信仰による自由、平等、独立、労働、慈悲を重んずる人格形成の大切さを語る。彼によれば、人間は肉体、悟性、精神（霊性）の三要素をそなえている。精神は自ら行動を起こす原動力であるとともに、神から愛と慰めと導きを受ける霊性の能力でもあるという。

しかしながら農民とても人間である。そうして人間である以上、その所有を豊かにしたからとて、それでその救済を全うしたと言うことはできない。「人はパンのみをもって生くるにあらず」と古哲も言うた。……人は肉体ばかりではないから、彼の肉体を満足したところで、それで彼は満足する者ではない。彼に精神とか霊性とかいうものが存する以上は、彼はまたその方面において健全ならざれば、彼は彼の欲することの世の宝をも得ることはできない。

（「農民救済策としてのキリスト教伝道」、一九〇三年、全集11：432―433）

信仰を通して自己の内なる精神と霊性に目覚めた者は人間の独立と他者に対する慈愛を周囲の社会に広める行動力を得るという。内村は言う。

この困難なる農村を改良するには、そのままではとうてい行かぬ、何かが必要である。それに役立つものは……霊のダイナマイトであります。これをもって農家の頭を粉砕しなければなりません。このダイナマイトはすなわち神にほかならないのです。

この力は、人の心の最も深き所から出るものでありまして、これによって非常に善い事が果たされる。法律が清まり、信用が高まり、すべてが改良されて行くのでありまず。

（一九一三年、全集20：439）

内村によれば、神は人間に本来、農夫として生きることを教えているとして、こう言う。

神は地を園として、人を耕す者（農夫）として造りたもうた。そうして人が神を離れざる間は、地は彼にすべて必需物（なくてならぬもの）を豊かに供して、彼は不足を感ずることはなかった。

（一九一八年、全集24：358）

内村によれば、イエスは農村の大工として育ち、農村の民の仲間として暮らしていたという。内村は言う。

幸いにして、予の救い主として仰ぎ奉るイエス・キリストは神学者ではなくして、労働者でありたもうた。彼は大工の子でありたまいしがゆえに、その思想も農夫のそれであった。……「空の鳥と野の百合」。……「種まく者、まかんとて出ず。石地、いばらの中、良き地」。……「天国はこれを何にたとえん。からし種のごとし。パン種のごとし」。これみな農家の言葉である。
（一九〇六年、全集14：310―311）

内村は晩年、農民学校を設立して若者に信仰と人間教育と農業の意義を教えることを意図したが、高齢のため果たせずに終わった。彼の農業と農民養成の希望は切なるものがあったのである。

内村は将来のビジョンとして農を基礎とする社会を次のように描いている。

日本のごとき小国といえども、その山にことごとく植林してさらに一個の新しき日本を作ることができる。またその海を開拓して、国土に数倍する新領土を得ることができる。林産と水産は日本人の企業を待つ富源である。山の高きを耕し、海の深きに漁りて、日本人は他国と少しも競争することなく優に自由に拡張することができる。
（一九二四年、全集28：351―352）

彼は将来の社会は小規模の自作農からなる社会であるという。

世界的平和到来の時には、人は各自小地主となりて、おのが手にて作りし物を食い、おのが建てし家に安んぜんとのことである。……世界的平和は自作農業の発達を促す。末の日に神の国が地上に建設せらるるときには……全国にわたる小地主の自作農業の繁栄を見るであろう。（一九二八年、全集31：56）

このような社会は聖書が理想の社会として示しているものでもあり、言い換えれば、農本主義の社会であるとして、こう言う。

キリストが再び現れたもう時に、人はその剣を打ちかえて鋤となし、その槍を打ちかえて鎌となす［イザヤ書2・4］という。すなわち、その時、世界の人はその武器を打ちかえて農具となすというのである。すなわち軍国主義を捨てて農本主義を取るというのである。（一九一八年、全集24：357）

内村の言う農本主義は、同時代の他の農本主義者のように、地主小作制度下の刻苦勉励主義でもなく、また中国・朝鮮への武力進出・植民地支配と結びついた開拓運動でもない。それは国内の天然資源と農林水産業で自給できる平和な社会である。彼は小規模自作農を中心とする農村が基礎にあって、農民が重んぜられ、それに従属しそれを補強するものとして都市と商工業が位置するという関係にある社会を構想していたのである。（なお、内村の農業・農民観の詳細については、拙著『現代に生きる内村鑑三』、第1章と第5章を参照されたい）。

## 4　スコットの見た日本の農村

スコットの『日本の土台』（一九二二年）は、既述のように、彼が一九一五年から1919年までの間、日本各地（とくに農村）を旅行し、日本社会のさまざまな階層の人々と語り合い、観察した記録である。したがって本書の内容を短い言葉で要約することはできないので、ここでは主な話題を取り上げて紹介してみたい。

スコットはいう。明治維新以後の50年間に、自作農中心の農民階層は裕福な地主階級と貧しい小作農とに二分された。地主の多くは自ら労働せず、小作農から高い小作料を取り、農民を対象として高利貸し業を営む者さえ存在する。小作人は主に稲作に従事する。

稲作が辛い労働を必要とするのは、田んぼが水に浸されているからである。種まき、田植え、除草、稲刈り、脱穀、籾摺り、精米などの労働を経てはじめて、米が炊飯可能になる。とくに除草はきつい作業である。稲の生長の敵は台風、洪水、害虫、干ばつ、冷害である。

しかしスコットはこのように稲作農業の苦労をのべるだけでなく、農村の風景がいかに美しく、また人の心を和ませるものであるかをも描いている。一節を引用しよう。

田んぼが若い緑におおわれ、稲の葉が風に吹かれて優しく波のようになびくのを眺めるときほど大きい喜びはない。(むしろ「さまざまな緑」と言うべきだろう。というのは、田んぼに新たに植えられて広がる、まだ弱くて黄色味を帯びた緑から、見事に繁茂した濃い緑まで、さまざまな濃淡の色合いが見られるからである。)収穫の時期が近づくにつれて、一面に広がる田んぼは、すべての区画に同種の稲が植えられてはいないので、さまざまな濃淡の色の区別から成る景観を呈する。一部の区画は藁色、他の一部は赤茶色または黒色に近い。ある俳人は「頭《こうべ》を垂れる稲穂かな」と詠っている。

(Foundations, p. 76)

米作のほかに、小麦・大麦が二毛作として栽培される。また各地に桑畑を持ち養蚕をする農家もある。

農民は高い小作料のほかに納税の負担があり、窮乏のあまり負債を抱えている。その上、戦争の期間には男たちが兵役に取られ、農家の労働力は大きい打撃を受ける。

農民はこの貧困から脱するために小作料の減額を集団で要求する運動を全国各地で起こしている。しかし小作争議は農民の要求の実現にはいたらない。貧しい農家は負債返済のために娘を遊郭で働かせることも多い。また口減らしのために娘を製糸工場に送る。女工は低賃金、長時間労働、劣悪な条件の宿舎のもとに置かれている。スコットは長野県の諏訪地方のある製糸工場を訪問し、女工の労働と生活の悲惨さに衝撃を受け、次のように言う。


工場主は他の多くの金儲けに努める人々よりも悪いわけではない。しかし私が見た製糸工場は意識的にせよ無意識的にせよ、女工の貧困ばかりか、彼女らの体力、道徳性、熟練、そして学校で身につけた顕著な真面目さと従順さを搾取している。

外国人観察者が次のことを語ることは日本に対する義務である。すなわち、日本の労働者の大部分の嘆かわしい状態をあいまいにしておき、雇用主が莫大な利益を得ていることを隠し、工場法は実施するためにこそ法令集に載っているのだと言いつくろおうとするさまざまな試みはばかげており、無駄なことである、と。

そしてスコットは女工の置かれている状態を黙認している政府の姿勢を「絶望的に時代遅れの、国家として弁護しようのない態度」として激しく告発している（Foundations, p. 169）。

農村に住む寺の僧侶は概して庶民より豊かな貴族的な生活をしており、農民の貧困の救済のために活動してはいない。しかし農民の生活改善のために働いている良心的な僧侶もいる。スコットは愛知県のあるお寺でお坊さんがある晩に村の人々に説教するのを見学する機会を得、その場面をこう記している。

ランプの光が僧侶の大きい、ブッダのように剃り上げた頭と穏やかな顔の表情を照らしていた。二人の日焼けした顔の老人は、奇妙なことだが、スコットランド高地地方の老人たちに似ていた。私は彼らや、ある老いた女性、また背に子供を紐で縛っておんぶした若い母親がじっと説教者に眼差しを向けているのを見た。彼らがこの講話を聴くひとときの中で次の日の力を得ているのは明らかだった。

説教のあと、僧侶が聴衆にスコットを紹介し、彼に一言挨拶するよう求めたので、彼はまごつきながら立ち上がり、簡単に挨拶のスピーチをした。スコットはこう書いている。

私は親しみのこもった、日焼けした、苦労が刻み込まれた異国の人々の顔の眼差しと目が合ったが、そのときの彼らの顔は［イングランドの］ケント地方の人々の姿に見えた。

そしてこう言う。

私が感じたのは、すべての宗教の一体性、このたぐい稀な僧侶への尊敬、人種と信仰を異にするこれらの信者たちへの親近感、そして異国の人々の相互理解を可能にする根底としての基本的な事柄があるという実感であった。……［私のスピーチのあと、］数人の男女の老人が私のそばに来てお辞儀をし、親しみと真心のこもった短い挨拶の言葉を語った。

(Foundations, pp. 5-6)

スコットはこのような体験を通して日本の農民たちの素朴な宗教心に共感を抱くにいたったことが感じられる。スコットの叙述は続く。

農民たちは辛い労働と貧困に耐えているが、しかしそのような生活に慣れている。彼らは季節毎のお祭りや盆踊りなどでは日々の苦労を忘れて楽しんでいる。

日本各地で鉄道建設が進められている。線路、駅舎、道路、関連する建物、その他の公共施設のために取られた肥沃な農地の面積は膨大なものである。農地を奪われた小地主たちは工事中は建設現場で臨時雇いの仕事につくが、工事完成後は農業以外の生計の道を探さなければならない。また田舎の各地に市場向けの工業生産のための工場が建設され、そのために農地が奪われていく。農民が工場建設によって豊かにはならない様子を見ると、スコットは宗教や社会生活の迷信と同様に、経済発展という迷信もあるのではないかと、自問している。

スコットは西欧人が日本農業に関してのべているいくつかの批判を紹介している。第一に、日本農業は稲作に偏っているという批判。これに対してスコットは、日本の豊富な水や気候を考えれば稲が最良の穀類作物だと答える。第二に、各農家の農地規模が小さいという批判。しかし彼は国全体の耕作可能な土地が絶対的に少ないのだから、やむをえないという。第三に、農民が使用する農具・設備が原始的だという批判。しかし彼は、日本の栽培システムが原始的なのだから、やむをえないという。第四に、多くの地方で畜力や機械の力が利用されていないという批判。スコットは日本の地理的・地形的条件では家畜や機械が使用困難であり、また農民が少額の資本さえもっていないからだと答える。第五に、農民は休日がなく、夜遅くまで働いているのは過酷だという批判。しかしこれは働かない農業者（地主）の割合が大きいからだという。第六に、生産者の数の多さと比べて、収穫総計が少ないという批判。これに対しては、米作の特殊性と生産者の生活水準の低さを考慮すべきだとスコットは答える。日本の田んぼのかなりの部分は斜面または山地にあるから、不規則で小規模でしかありえないのだ、と。

スコットはある農民集談会に参加したさい、スピーチを求められて概要次のように語った。

人はパンのみによって生きるのではない。精神と心の発展によって生きるのである。農業を適切に教える者は農業より高次の何ものかを知ることが必要である。その人がたえずそこから飲んで生き返り、刺激を受ける泉がなければならない。ある人はそれを宗教とか、神との一致と呼ぶ。他の人はそれを人類への信頼、世界の行方への信頼、人間の信頼と呼んでいる。しかし中途半端な、揺らぐような信頼ではなく、真実な信念でなければならない。

農業はすべての事の土台である。しかしそれは目的のための手段にすぎないことを見失ってはならない。その目的とは、農村の男女、子どもがよりよい人間になることだ。田舎における最高の目的は田舎の人々の精神と心を発展させることである。また田舎の諸問題の議論の中でこの最終目的についての明確な見方を見失わないことである。

(Foundations, p. 27)

スコットは自らの日本の農村見聞記である『日本の土台』を次のような言葉で結んでいる。

一部の工業と商業の無駄と浪費が認識され、輸出による富の蓄積力と不要な物品の輸入が疑問視され、土地の耕作者が古来の日本における社会的優先順位において占めていた［高い］地位に復帰する日が来るだろう。耕作者とともに、芸術、文学、科学、工業、商業などの他の真の生産者も各々の地位につくだろう。西欧の工業化とその資本主義システムは、日本が今すでに進んでいる産業的・資本主義的方向に向かっていっそう早く急ぐべきだということが確かだといえるほどには、その社会的結果において完全には成功していない。日本の最善の利益は、現在も将来も、農村の改善と結びついている。この農村の改善が誤った国家の進歩の観念によって、また公的エネルギーと公的資金が賢明に注入されるかもしれない諸目的の誤った理解によってどれほど阻止されているかは、愛国心に関して熟考すべき事柄である。……一部の愛国主義者が、ここでも他の所でも、理解していないと思われるのは、静かな、家庭的な、日常的な事柄を大切にする真実な愛国心とはどのようなものかということである。

（Foundations, pp. 369-371）

本書には著者スコットの日本の農民に対する温かい眼差し、彼らを窮状に追いやっている地主階級や政府、産業界に対する鋭い批判、日本の農業の深い観察とその特殊性に対する深い理解、農民の生活改善と精神的向上に対する願い、西欧と日本で進行している資本主義的システムによる偏頗な工業化に対する批判が強く感じられる。

なお、内村は本書を著者から贈られて読み、こうのべている。

近頃英国の農村研究家ロバートソン・スコット氏が……親しく日本の農民生活を研究し、『日本の真髄』［『日本の土台』と同一の書―引用者注］と題し、彼の観察の結果を世に発表して、世界の識者は記事の意外なりしに驚いたのである。世界が見たものは日本人の武勲、軍功でありしに、日本人自身が日常実験しつつあるものは、静かにして、おだやかな農村生活である。農村衰退の叫ばるる今日といえども、日本人大多数の職業は農であって、今も昔と異なることなく農は日本の基である。かかる国が剣をもって世界を征服する国であるはずはない。

（一九二四年、全集28：419―420）

## 5　スコットのイギリス農村論

スコットは一九二六年に『死に瀕する農民とその息子たちの未来』と題する著作を発表した。これは彼のイングランドの農村と農民に関する状況の分析と将来の展望を論じたものである。

一九二〇年代のイングランドの農村についてまず理解する必要があるのはその土地所有制度である。農業に関係する人々は地主（landlord）、農場経営者（farmer）、農場賃金労働者（farm-worker または peasant）の三階級に大別される。農場経営者の大半は地主から土地を借り、地主に地代を納める。その意味では、彼らは借地農である。ただし農場経営者の中には自ら土地を所有する者もいる。いずれにせよ彼らは農場賃金労働者を雇用して農業経営を行なう。労働者には賃金を支払う。農場労働者は農場経営者に雇用されて労働し、賃金を得て家族を養うのである。

スコットは土地所有制度に関して、また農場経営者についても、彼らの経営は生産とマーケティングの方法、時代遅れであるという。農場経営者は農場では自分が言うことが法であると信じており、それが当たり前だと思っている。農場経営者は農場労働者が自分と同じレベルの思い、感情、願望を持つ人間であるとは思わず、かれらを何か別の類に属する生きものと見なしている。しかし農場労働者は徐々に本を読むようになり、農場経営者の経営の仕方に批判的になりつつある。農場経営者も自分の仕事にもっと鋭いセンスをもち、自分と労働者の大きなギャップを埋める努力をしなければならない。

膨大な数の農場労働者が法律で定められた最低限度の賃金しか得ていない。最低賃金以下の賃金を支給されている農場労働者さえいる。農場賃金労働者の生活水準は都市労働者のそれよりも明らかに低い。農場労働者が経営者に賃金の質問をすると、その後、監視の目がその労働者につきまとう。もし農場賃金労働者が農場経営者から提示された雇用契約書にサインするのを拒むなら、彼はたちまち解雇される。労働者の子供は栄養不足のものが少なくない。農場労働者は窮乏のあまり、しばしば農場経営者の屋敷で穀物や卵などを盗む。

多くの農場経営者は自己の農場労働者のための住宅を所有し、それらを賃貸している。雇用された労働者は住宅に関しても大家としての農場経営者と結ばれているのである。この農場付属の住宅は狭く、劣悪な条件のもとにある。その上、もし農場労働者が解雇されると、彼はこの賃貸小屋から出ていかなければならない。農場労働者は社会的劣等感を抱き、自分たちは社会の一員ではなく、社会の奴隷と見なされているという感情を植えつけられている。

農場労働者がほとんどまともな教育を受けておらず、政治と社会の変化についてはほとんど知らない。農場経営者から聞かされていることをそのまま信じ、それに唯々諾々と従っている。しかし最近では農場労働者が知識の遅れを取り戻し、労働組合に参加するようになった。

農場賃金労働者組合としては、全国農業労働者同盟（NUAW）と労働者同盟（WU、これは大部分が産業労働者で、農民は少数）の二つがある。この二つを合わせると、イングランド・ウェールズの全農場労働者の六％が組合に加入している（一九二五年現在）。第一次大戦以来、組織化が進んだのである。農場経営者も彼らの組合を結成しており、労使双方が組合同士の交渉を行い、労働者が経営者と対等に話し合える態勢ができたのである。農業労働組合は社会主義的であり、労働党を支持している。

農業と農場賃金労働者が明るい未来を拓《ひら》くためには、農場経営者のため、農場労働者のため、そして農業に直接接していない一般国民のために、農業と農場賃金労働者の現状に関して啓蒙と教育が行われねばならない。また土地所有制度と農場賃金労働者の賃金と生活向上に関する大胆な立法、住宅の実情と住宅制度の改善、州の賃金委員会制度のいっそう徹底した活動が求められる。

しかしたとえ農場労働者に物質的恩恵（十分な賃金）だけを与えても、心と精神の満足が伴わなければ、目標には到達できない。良質の生活、健全な社会的環境、職場での職種の昇進の機会、教育および研修施設が地域自治体から提供されるべきである。また農場労働者が地方政治に影響を与える力をもつことが必要である。農場労働者が市民として活動することによって自己を表現できる機会をもつことが重要である。

農場賃金労働者の子供たちのための奨学金支給制度や、子供たちのための補修授業の開設、村の運動場、レクリエーション施設、集会場、図書館、村のコンサート・ホール、ダンス・ホールなどの施設も欠かせない。農場賃金労働者が自尊心、人格としての誇り、一般的道徳心、そして仕事への意欲を駆り立てる誘因をもてるようにならなければならない。

望ましい農地所有制度については、すべての農民の小土地所有を主張する人々がいるが、小土地所有が理想化されており、現実的とはいえない。唯一の最後的な解決は、国家が最終的な土地所有者になること、すなわち、土地の国有化である。古い農場賃金労働者は死んだ。しかしその息子たちは生きている。われわれが雇用することを恥じない新たな種類の農場労働者の興隆は確実であると思われる。英国の農業は死にはしない。――以上がスコットの当時のイギリス農村と農民に関する見方である。

## 6　内村とスコット――農村と農民への共感

以上に見たように、内村とスコットは農村と農民に対して深い関心を抱き続けた。では両者の関心の共通点と相違点はどこにあるだろうか。

まず、内村もスコットも、農業は社会の人々の食生活という人間の生存の基本的基盤を支えているがゆえに、農業と農民が社会の土台であることを社会の人々に訴え続けた。彼らは農業の重要性にもかかわらず、現実には農場で働く農民が劣悪な状態に置かれていることに深く同情し、憂慮している。

しかしまた、農民を経済的貧困から救済しなければならないと同時に、彼らが社会的・政治的な権利をもつ主体的人間となること、また農村の変革のために積極的に、創意を発揮して活動する人間に成長することを期待している。

さらに、農民が知的・精神的存在としての自由な文化的・精神的活動を楽しめるようになることを希望している。とくにスコットは季刊雑誌『田舎人』を発行・執筆し、都市市民と消費者に農民の労働と生活の実情を―彼らの窮状だけでなく、田舎の美しさと人々の情の厚さとこまやかさ―を伝えることに力を注いだ。彼が田舎の人々の生活を描いた著作『イングランドの緑の美しい土地』はベストセラーとなった。

最後に、両者は非戦論者である点で共通している。内村は日露戦争期以後、非戦論を訴え続けた。他方、スコットは一八六九年、彼が『ディリー・クロニクル』紙の記者をしていたとき、社主が、当時イギリス政府が起こしたトランスヴァールとオレンジ共和国に対する戦争（ボーア戦争）を支持したことに抗議し、編集者とともに退社した。またスコットは日本滞在中、日本が第一次大戦勃発を機に中国に対して中国の内政・軍事・外交に干渉する二一か条の要求を強引に受け入れさせたことに対して強い懸念を覚え、日本の中国に対する介入の不当性を訴える著書を日英両文を付して出版した。彼は母国イギリスの政府であれ、滞在中に多くの親しい知人・友人を得た日本国の政府であれ、他国の主権を侵害する帝国主義的な行為を批判する独立的精神と勇気をもっていたのである。

しかし、内村とスコットの間には見解の相違もあった。第一に、すでにのべたように、宗教、とくにキリスト教に関する見方において両者が異なっている。内村は神の存在、イエス・キリストが神の子であること、キリストの十字架上の死は人類の罪の贖いであること、キリストの復活と万物の完成などの教義を基本的に信じている。

これに対して、スコットはイエスの言葉と行為をとおして示した道徳性を尊敬し受け入れるが、その他の教義は必要でないばかりか、しばしば人間にとって有害な結果を及ぼしていると考える。とはいえ、スコットは、すでに見たように、農民がたんなる賃金労働者でもなく、たんなる農業者でもなく、精神と心をもつ人間であると考える。そして人間の精神はある種の信頼または信念（それを神への信頼と呼ぶにせよ、世界の行方への信頼と呼ぶにせよ、人類または人間への信頼と呼ぶにせよ）、ある真実の信頼をもち、そのような精神的支柱をもって生き、尊厳ある文化的生活を営む能力と権利をもつ存在であると考えている。

彼はまたある寺で僧侶の説教を聴く村人たちの顔と表情を見て、彼らに親近感を覚え、説教する僧侶に敬意を覚えたときに、仏教かキリスト教かの相違を超えて、「すべての宗教の一体性」を感じた。彼はまた各地で出会う人々としばしば宗教について語り合った。仏教信者やキリスト教徒とだけでなく、既成宗教の信者ではないけれども宗教と人生について深く考えている人々と真剣に話し合った（Foundations、chap. XXIII「真夜中の対話」参照）。彼は特定の宗教にとらわれることなく、広い意味での宗教性が真実な人生と深く結びついていると信じたと思われる。

第二に、内村は遠い将来に自作農中心の平等で平和な農村社会の実現を夢見ていたのに対して、スコットは土地の国有化を農村問題の解決の鍵と考えていた。国有化は当時の英国の労働党や労働組合運動が要求していたものであり、スコットもその一人である。当時はソ連の社会主義革命の成功後まもない時期であり、社会主義国家と土地国有化に対する当時の西欧の社会主義者の期待が大きかったのであろう。なお、現代のイギリスにおいて小規模農家を大規模経営農家の支配に抗して存続させるための運動が広がっていることについてはあとでのべる。

### 7　現代の日本とイギリスの農業の課題

内村が一九三〇年に、スコットが一九六二年にこの世を去ってからかなりの歳月が経過した。その間に時代は大きく変化し、日本とイギリスの農村もそれぞれ変貌した。日本は第二次大戦後、農地改革による地主小作制度の廃止と自作農創設、一九六一年の農業基本法による農業近代化、米の減反政策などを経て来た。

現在の日本農業が直面している問題は大要次のようなものである。まず食料自給率の低さ、第二に農薬・化学肥料の使用の問題、第三に農家の後継者不足と耕作放棄地の増加、第四に市場経済のグローバル化、地球温暖化の危機である。先の諸章ですでにのべたように、これら諸問題に対する政府の認識は極めて不十分であり、対応も適切さを欠いている。

現代のこのような状況において、「農は国の基」、「農民は社会の土台」「小自作農を基礎とする社会」「国内資源の活用と保全」という内村の思想は今こそ想起されるべきではないだろうか。

現代において「農は国の基」と小農主義（家族農業）の思想と実践を受け継いでいるのは有機農業運動であろう。この運動はたんに有機農法（無農薬・無化学肥料、堆肥・厩肥）という技術面での運動にとどまらず、生産者と消費者の「提携」による地域社会の結びつきの再生を目指し、地域社会に基礎をおく農と商工業の提携、さらに農村・農地に生きている生き物（鳥、虫、魚など）との共生、そこでの生活と労働から生まれる文化の継承と発展を目指している(1)。

一方、現代のイギリスでは、日本の戦後の農業近代化と同様に機械化と農薬・化学肥料の使用が増加したと同時に、日本と違って早くから農業経営の規模拡大が進んだ。その結果、農業労働者が著しく減少した（農業機械操作員への移行または都市への流出）。一九七三年、イギリスはＥＵに加盟し、ＥＵの共通農業政策（ＣＡＰ）に参加することになった。ＣＡ

Pは農家の所得保証のための補助金の直接支払い、関税と輸入量制限、生産量制限と農地削減に対する給付金（ミルク、穀物、ワイン）などによって農家を保護し、農業生産の確保に努めている。しかし他方で生産過剰と財政負担の増大に対しては補助金削減などで調節し、また農薬・化学肥料による環境問題や食の安全性の問題に関しても農家に対する補助金支給に環境保護的条件を課するようになった。しかしCAPに対してはグローバル化（貿易自由化）支持派からも反対派からも、CAPが途上国の農産物輸入を拒否し、途上国農民を貧困に追いやっているという批判もある。また、イギリスではCAPの補助金が大規模経営者を優遇するのみで、小規模経営者と農業労働者には行き渡らないという批判がある。さらに、農薬・化学肥料の多用による環境汚染の広がりが批判されている。二〇〇三年とその翌年の補助金制度の改正によって環境保護の条件が強化されたが、この問題は依然として残っている。

イギリス国内の親EU派と反EU派の間の長年の議論の末、イギリスは二〇二〇年二月、EU離脱を表明した。協定による移行期間が二〇二一年一月に終了し、正式にEUを離脱した。

他方で、イギリスでもEU諸国でも、小規模経営の有機農業運動や、農家と消費者の交流・提携を目指すＣＳＡ（「地域社会に支えられた農業」）の広がりが見られる[2]。

なお、世界の農産物市場の支配を進めている巨大アグリビジネスに抗して、家族農業の存続を求める運動は、イギリスだけでなく、欧米諸国でもアジア、中南米諸国でも高まっている。国連はこの高まりに応えて二〇一四年を「国際家族農業年」と定め、家族農業（小規模農業）が、先進国と途上国を問わず、人々の（とくに低所得層の）食料保障のために、また地域の自然環境の保全・維持のために重要な役割を果たすことができると訴えている[3]。現在、世界各地および人類社会に将来があるとすれば、それは農業とその担い手としての各地の地域にネットワークを広げている小規模農業者の存続と発展にかかっているといっても過言ではないであろう。

（1）中島紀一（二〇一一）。日本有機農業研究会・編集（二〇〇八）。星寛治（二〇〇〇）。蔦屋栄一（二〇〇四）。宇根豊（二〇一四）。山下惣一（二〇一四）。

（2）Joseph Pearce (2002), pp. 110-211. Diana Schumacher (2011), Chapter 4.

（3）国連世界食糧保障委員会専門家ハイレベル・パネル（二〇一四）。

参考文献
内村鑑三全集（二〇〇一）、全40巻、岩波書店
宇根豊（二〇一四）『農本主義が未来を耕す』、現代書館
国連世界食糧保障委員会専門家ハイレベル・パネル（二〇一四）『家族農業が世界の未来を拓く――食糧保障のための小規模農業への投資』、農文協
ジョナサン・ドーソン（二〇一〇）『世界のエコヴィレッジ――持続可能性の新しい可能性』、日本経済評論社
ジョン・マーチン（二〇〇二）『現代イギリス農業の成立と農政』、溝手芳計ほか訳、筑波書房
蔦屋栄一（二〇〇四）『日本農業のグランドデザイン』、農文協
中島紀一（二〇一一）『有機農業政策と農の再生』、コモンズ
日本有機農業研究会・編集・発行（二〇〇八）『食と農の原点――有機農業から未来へ』
星寛治（二〇〇〇）『有機農業の力』、創森社
三浦永光（二〇一七）『改訂版　現代に生きる内村鑑三』、御茶の水書房
山下惣一（二〇一四）『小農救国論』、創森社
Cripps, J. (1963), Article: Scott, John William Robertson, in Oxford Dictionary of National Biography, Oxford
Scott, J. W. R.（1916）: Japan, Great Britain and the World,『日本、英国及び世界』（日英両文）、

ジャパン・アドヴァタイザー新聞社（東京）
Scott, J. W. Robertson（1922）：The Foundations of Japan, London
Scott, J. W. Robertson（1926）：The Dying Peasant and the Future of His Sons, London

# あとがき

私は小学生のとき初めて新約聖書の「山上の垂訓」を読み、その崇高な精神に心を高められる思いがしたのを覚えている。その後、高校時代に米国人の宣教師が説明するバイブルクラスに参加した。大学時代には学内で月二回、教職員と学生に開かれていた聖書研究会に参加した。そこに参加していた教員が無教会の人たちだったので、内村鑑三や矢内原忠雄に関することを多く聞き、彼らの著作を読むようになった。彼らの広い精神世界に導かれて、彼らが社会の時代状況と切り結んで闘っていることを理解するようになった。

私が環境問題に関心を持つようになったのは一九七〇年代の初めごろだったと思う。石牟礼道子の『苦界浄土』や有吉佐和子の『複合汚染』を読み、現代社会は人間と環境の関係の仕方についてどこかで誤っていると感じた。科学技術への過信と物質的な豊かさを追求するあまり、経済成長（国内総生産GDPの成長）への過信が災いしていると理解するようになった。およそ人間が生きていくためには自然界が健全でなければならないという、当たり前のことを見失っていたのだ。その後、農業が危機に陥っていること、しかも農業自体が環境を破壊している要素の一つだという現実に気づいたのにずいぶん時間がかかった。農業が農薬や化学肥料を多用して、土壌を劣化させ、本来の有機農業から逸脱していたのだった。それには政府の農業政策が深く関わっていた。

そのような視点で聖書を読むと、聖書が新たな光の下で語りかけているように見えた。その暫定的な報告が本書である。本書はまだまだ不十分なところが多いと思うので、お読み下さった方々の率直なご指摘をいただきたいと思う。

二〇二一年九月

三浦永光

著者
三浦永光（みうら・ながみつ）
1938年、東京生まれ。1961年東京大学教養学科卒業、1967年東京都立大学博士課程満期退学。高崎経済大学助教授、津田塾大学教授を経て、現在津田塾大学名誉教授。著書は『国際関係の中の環境問題』（編著、有信堂、2004年）、『環境思想と社会――思想的アプローチ』（御茶の水書房、2006年）、『ジョン・ロックとアメリカ先住民――自由主義と植民地支配』（御茶の水書房、2009年）、『改訂版 現代に生きる内村鑑三』（御茶の水書房、2017年）ほか。

聖書と農
自然界の中の人の生き方を見直す

2021年10月30日　第1版第1刷発行

著　者……三浦永光

発行者……小林　望
発　行……株式会社新教出版社
〒162-0814 東京都新宿区新小川町 9-1
電話（代表）03 (3260) 6148

印刷・製本……株式会社カショ

ISBN 978-4-400-40756-0　C1016